Daniel Goleman

Tsoknyi Rinpoche

mit Adam Kane

MEDITIEREN

Daniel Goleman
Tsoknyi Rinpoche
mit Adam Kane

MEDITIEREN

7 einfache Praktiken
für einen ruhigen Geist

Aus dem Amerikanischen übersetzt von
Maike und Stephan Schuhmacher

Lotos

Die Originalausgabe erschien 2022
unter dem Titel *Why We Meditate* bei Atria Books,
einem Imprint von Simon & Schuster, Inc., New York, USA.

MIX
Papier | Fördert
gute Waldnutzung
FSC® C014496

Penguin Random House Verlagsgruppe FSC® N001967

Zweite Auflage

Redaktion: Jürgen Teipel
Covergestaltung: Guter Punkt, München
Covermotiv: © rudchenko/iStock/Getty Images Plus
Satz: Leingärtner, Nabburg
Druck und Bindung: GGP Media GmbH, Pößneck
ISBN 978-3-7787-8306-1

www.Integral-Lotos-Ansata.de

Für inneren Frieden, eine friedliche Welt und
zum Wohle aller Lebewesen

INHALT

EINS WAS DIESES BUCH IHNEN GEBEN KANN 9

ZWEI LASS ES FALLEN! 21

DREI BAUCHATMUNG 35

VIER SCHÖNE MONSTER 67

FÜNF ESSENZIELLE LIEBE 105

SECHS LIEBE UND MITGEFÜHL 135

SIEBEN RUHIG UND KLAR 171

ACHT EIN TIEFERER BLICK NACH INNEN 199

EPILOG:
EINIGE ABSCHLIESSENDE RATSCHLÄGE 227

DANK 235

ANMERKUNGEN 237

REGISTER 241

EINS

WAS DIESES BUCH IHNEN GEBEN KANN

TSOKNYI RINPOCHE

Ich bin, von Liebe und Fürsorge umfangen, in einer dörflichen Atmosphäre aufgewachsen. Ich erinnere mich noch lebhaft daran, wie ich als kleines Kind immer wieder auf den Schoß meines Großvaters, der in einen *Dagam* – einen großen, warmen Meditationsmantel – gehüllt war, kletterte und dann wieder weglief. Mein Großvater meditierte einfach weiter und murmelte Mantras, während er den Lausbuben frei kommen und gehen ließ. Er strahlte Wärme, Liebe und Frieden aus, ganz gleich, was um ihn herum geschah.

Ich wurde in Kathmandu geboren als Sohn von Tulku Urgyen Rinpoche, einem angesehenen tibetischen Meditationsmeister, und einer nepalesischen Mutter, die von einer tibetischen Familie von Meditierenden abstammt. Zu den Vorfahren meiner Mutter gehörte ein berühmter tibetischer König, dessen Nachfahren sich in Nubri niedergelassen hatten, einem nepalesischen Hochtal, das im Schatten des Berges Manaslu, dem achthöchsten Berg der Welt, liegt. In dieser abgelegenen Landschaft verbrachte ich meine frühe Kindheit.

In meiner Familie gab es auf beiden Seiten hingebungsvolle, vollendete Meditierende, darunter mein Vater, die Großmutter meines Vaters und ihr Vater, der einer der legendären Meditierenden seiner Zeit war. Vollkommenheit in der Meditation bedeutet im Allgemeinen, viele Stufen der Geistesschulung durchlaufen zu haben und fest in Weisheit und Mitgefühl verankert zu sein. Ich hatte daher das Privileg, von Kindheit an in Meditation geschult und in einer meditativen Atmosphäre aufgezogen zu werden.

Mit dreizehn Jahren wurde ich in eine tibetische Flüchtlingsgemeinschaft im Kangra-Tal in Nordindien geschickt, um dort eine formale buddhistische Ausbildung zu erhalten, die ich bei verschiedenen Meistern, darunter auch Yogis, die dort in Abgeschiedenheit praktizierten, fortsetzte. Und seither hatte ich das Glück, weiterhin von einigen der führenden Meditationsmeister der Gegenwart unterwiesen zu werden.

In meinen frühen Zwanzigern begann ich, Buddhismus zu lehren, und reise seitdem um die Welt, um Zehntausende von Schülern auf mehreren Kontinenten in Meditation zu unterrichten. Außerdem versuchte ich natürlich, mich ständig weiterzubilden, und studierte die für die Erforschung des Geistes relevanten wissenschaftlichen Erkenntnisse. Ich nahm an mehreren Mind-and-Life-Seminaren teil, bei denen der Dalai Lama mit Wissenschaftlern diskutierte, und unterrichtete am Mind and Life Summer Research Institute Doktoranden und Promovierte in Meditation.

Seit Beginn meiner Tätigkeit als Meditationslehrer interessierte ich mich aufgrund meiner natürlichen Neugierde besonders für westliche Psychologie, zeitgenössisches Leben und die ganz besonderen Herausforderungen, die sich modernen Menschen stellen. Mein Lebensstil als reisender Lehrer bringt es mit sich, dass ich ständig in Bewegung bleibe. Im Gegensatz zu vielen bekannten asiatischen Meditationslehrern ziehe ich es aber vor, allein und anonym zu reisen, damit ich die Menschen auf spontane, authentische Weise beobachten und mit ihnen interagieren kann. Ich brachte viel Zeit auf Flughäfen zu, lief durch die Straßen von Städten auf der ganzen Welt, saß in Cafés und beobachtete ganz allgemein die Menschen.

Ich verbrachte Jahrzehnte mit Experten aus Psychologie und Naturwissenschaft sowie mit Freunden und Studenten auf der ganzen Welt und versuchte, ihre Denkweise, ihre Kämpfe und kulturellen Zwänge zu verstehen. Von mehreren hoch angesehenen Psychotherapeuten wie Tara Bennett-Goleman und John Welwood erhielt ich Unterweisungen. Mit Tara (der Ehefrau von Daniel Goleman) konnte ich viele psychologische Themen erkunden, insbesondere häufige dysfunktionale emotionale Muster wie Gefühle der emotionalen Deprivation sowie die Angst vor dem Verlassenwerden, über die Tara in ihrem Buch *Emotionale Alchemie* und anderswo geschrieben hat. John Welwood, ein Ehetherapeut und Autor, vermittelte mir Einblicke in Beziehungsmuster sowie in das Konzept des *Spiritual Bypassing*, der Tendenz, spirituelle Praktiken wie die Meditation zu benutzen, um nicht geheilte psychische Wunden und überwältigende beunruhigende Gefühle zu »umgehen« und so die Auseinandersetzung mit ihnen zu vermeiden. Auch von meinen Schülern lernte ich unglaublich viel, indem ich mit ihnen über ihr Leben, ihre Beziehungen und ihre spirituelle Praxis sprach.

Aus diesen Quellen schöpfend, lernte ich sowohl meine eigenen Neurosen, Gewohnheitsmuster und Gefühle als auch die meiner Schüler kennen. Dies beeinflusste meinen Lehransatz, da mein Verständnis für die besonderen emotionalen und psychischen Herausforderungen heutiger Meditationsschüler natürlich immer mehr wuchs. Ich sah nicht nur, wie Menschen sich in ihrer spirituellen Praxis vor seelischen Problemen verstecken können, sondern auch die andere Seite: dass es möglich ist, sich die verborgene Macht emotionaler Muster und Beziehungsverletzungen zu erschließen. Solche Erkenntnisse haben die Anleitungen in diesem Buch geprägt.

Meine Herangehensweise als Lehrer beruht aber nicht nur auf dieser Sensibilität für moderne Herausforderungen im emotionalen und seelischen Bereich, sondern auch darauf, dass ich der Möglichkeit der Transformation und des Erwachens verpflichtet bleibe. Ich versuche der traditionellen tiefen Weisheit der Kultur, aus der ich stamme, treu zu bleiben, aber gleichzeitig zeitgemäß und innovativ zu sein. Dies bedeutet, dass ich bestrebt bin, in der direkten Interaktion mit meinen Schülern offen und freimütig zu sein, während ich gleichzeitig viele Ebenen ihrer Anspannung, Verwundung und Verwirrung anspreche.

Als ich zu unterrichten begann, verwendete ich einen eher traditionellen tibetischen Stil. Ich konzentrierte mich auf die Theorie und betonte die von den traditionellen Texten vorgenommenen feinen Unterscheidungen. Die meisten meiner Schüler waren ziemlich gebildet, erfassten die Bedeutung der Lehren intellektuell und stellten geschliffene Fragen. Ich dachte: *Wow, diese Leute sind wirklich klug! Sie sollten schnell Fortschritte machen.* Aber nach einem guten Jahrzehnt hatte ich so langsam das Gefühl, dass etwas nicht stimmte. Die Schüler verstanden die Dinge im Kopf, schienen aber Jahr für Jahr in denselben emotionalen und energetischen Gewohnheitsmustern festzustecken. Dieses Feststecken hinderte sie daran, Fortschritte in ihrer meditativen Praxis zu machen.

Ich begann mich zu fragen, ob der Lehransatz, der in meiner Tradition so sehr geschätzt wird, die Schüler tatsächlich auf die beabsichtigte Weise berührt. Ich fragte mich, warum Schüler auf der ganzen Welt die Lehren zwar verstanden, aber nicht in der Lage waren, sie zu verkörpern und sich dadurch tief zu transformieren.

Deshalb vermutete ich, dass die Kommunikationskanäle zwischen ihrem Geist, ihren Gefühlen und ihrem Körper blockiert oder überlastet waren. Aus tibetischer Sicht sollten alle diese Kanäle miteinander verbunden sein und ein freies Fließen zulassen. Doch ich sah, dass meine Schüler das Verständnis, zu dem ihr

Intellekt fähig war, nicht zu integrieren vermochten, weil sie es auf der Ebene des Körpers und der Gefühle nicht verdauen konnten. Dies führte dazu, dass ich die Art und Weise, wie ich Meditation lehre, änderte.

Heute konzentriere ich mich in erster Linie auf die Heilung und Öffnung des Kanals zwischen dem Geist und der Gefühlswelt, um das ganze Sein des Schülers anzusprechen. Die hier beschriebenen Techniken spiegeln diesen neuen Ansatz wider, den ich in den letzten Jahrzehnten verfeinert habe. Obwohl sie aber auf langjähriger Schulung durch große Meditationsmeister und meiner eigenen Meditations- und Lehrerfahrung beruhen, sind sie nicht nur für Buddhisten oder »ernsthaft Meditierende« gedacht. Ganz im Gegenteil, sie sind so konzipiert, dass sie für jedermann von Nutzen sein können.

Auch sind sie kein bloßes Gegenmittel gegen Neurosen, sondern bieten praktische Möglichkeiten, mit jeder Art von belastenden Gedanken und Gefühlen, die uns immer wieder heimsuchen, umzugehen. Dazu gehören neben der Angst auch Aggression, Eifersucht, ungezügeltes Verlangen und andere Hindernisse, die dem inneren Frieden im Wege stehen.

Es ist mir ein Anliegen, Meditation auf eine Art und Weise zu vermitteln, die psychologisch und emotional relevant, praktisch und für Menschen, die in der heutigen Welt gefangen sind, zugänglich ist. Die Zeit, die wir für die Arbeit mit unserem Geist und unserem Herzen haben, ist rar und kostbar; deshalb müssen die Techniken uns hier und jetzt zugutekommen.

DANIEL GOLEMAN

Ich wuchs in Stockton in Kalifornien auf; einer Stadt, die etwa neunzig Minuten östlich der San Francisco Bay Area gelegen ist. Damals erlebte ich diesen Ort, eine friedliche mittelamerikanische Stadt, als sei er von Norman Rockwell gemalt.* In letzter Zeit hat sich Stockton jedoch einen ganz anderen Ruf erworben: als die erste Stadt in Amerika, die bankrottging; als Ort eines Experiments, bei dem verarmte Bürger ein bedingungsloses Grundeinkommen erhielten – und als eine Brutstätte für Gangs.

Schon in früher Kindheit fiel mir auf, dass in den Häusern meiner Freunde fast keine Bücher zu finden waren, während es in meinem Zuhause Tausende gab. Meine Eltern waren beide Hochschullehrer und schätzten Bildung als den besten Weg zum Erfolg im Leben. Wie sie es vor mir getan hatten, nahm ich die Schule ernst und arbeitete hart an meiner Ausbildung. Das brachte mich auf ein College an der Ostküste und von dort nach Harvard, wo ich einen Doktortitel in Klinischer Psychologie erlangte. Aber mein Bildungsweg nahm eine scharfe Wendung, als ich ein Forschungsstipendium für eine Reise nach Indien erhielt,

---

* Norman Rockwell (1894–1978) war ein in den USA ungemein beliebter Maler und Illustrator, der in seinem Werk den American Way of Life als eine Art heile Welt feierte. Kritiker bezeichnen die meisten seiner Gemälde als »patriotischen Kitsch«. (Anm. d. Übers.)

wo ich zwei Jahre lang – wie ich meinen Sponsoren sagte – Psycho-Ethnologie oder »asiatische Modelle des Geistes« studierte. Tatsächlich stürzte ich mich in das Studium der Meditation.

Ich hatte schon vor meiner Graduierung mit dem Meditieren begonnen und nahm in Indien nun mit Begeisterung an einer Reihe von zehntägigen Klausuren teil. In diesen *Retreats* fand ich einen Zustand inneren Friedens und setzte die Meditationspraxis nach meiner Rückkehr in die USA fort. Dabei bin ich im Laufe der Jahrzehnte einer Reihe von wunderbaren Lehrern begegnet; und heute bin ich ein Schüler von Tsoknyi Rinpoche.

Meine Dissertation in Harvard befasste sich mit Meditation als Stressunterbrechung, und seitdem habe ich die Wissenschaft der kontemplativen Praxis aufmerksam verfolgt. Mein beruflicher Weg führte mich in den Wissenschaftsjournalismus und schließlich zur *New York Times*, wo ich in der Wissenschaftsredaktion arbeitete. Meine Kernkompetenz in diesem Beruf besteht wahrscheinlich nach wie vor darin, in die Berichte wissenschaftlicher Fachzeitschriften einzutauchen und diese Erkenntnisse so zu übersetzen, dass sie auch normale Menschen ohne spezielle Ausbildung verstehen und interessant finden können.

All das hat mich dazu gebracht, zusammen mit Richard Davidson, einem alten Freund aus meiner Studienzeit, der heute ein weltweit anerkannter Neurowissenschaftler an der Universität von Wisconsin ist, ein Buch über die wissenschaftliche Erforschung der Meditation zu schreiben. Unser Buch *Altered Traits: Science Reveals How Meditation Changes Your Brain, Body, and Mind* stützt sich auf die fundiertesten Studien zur Meditationspraxis.

In meinen Beiträgen zum vorliegenden Buch bin ich nun zu diesem Quell der kontemplativen Wissenschaft zurückgekehrt und habe mir die Labor-Erkenntnisse, die sich auf die meditativen Praktiken beziehen, welche Tsoknyi Rinpoche in den einzelnen Kapiteln anspricht, noch einmal genau angesehen.

Was dieses Buch Ihnen geben kann

Achtsamkeit hat in unsere Unternehmen, Schulen, Yogazentren, medizinischen Zentren und weit darüber hinaus Einzug gehalten und ist bis in die entlegensten Winkel der westlichen Gesellschaft vorgedrungen. Obwohl diese Atempause von den Sorgen des Lebens verständlicherweise viele Menschen anspricht, ist Achtsamkeit nur eines von vielen Werkzeugen einer tieferen Meditationspraxis. Der Übungsweg, den wir in diesem Buch beschreiben, handelt von elementarer Achtsamkeit, geht aber auch weit darüber hinaus. Wir sagen Ihnen, was Sie tun können, *nachdem* Sie begonnen haben, sich in Achtsamkeit zu üben – aber auch was man *zu Beginn* tun sollte, um die tiefen emotionalen Gewohnheiten zu entschärfen, die Menschen meist überhaupt zu dieser Praxis treiben.

Dieses Buch kann Ihnen helfen, die verbreitetsten Hindernisse für die Fokussierung von Aufmerksamkeit zu überwinden, mit denen wir in unserem modernen Leben konfrontiert sind: Es geht hier nicht nur um die ständig präsenten Telefone und immer hektischere Zeitpläne, sondern vor allem um destruktive Gedanken wie Zweifel und Zynismus sowie emotionale Gewohnheiten wie Selbstkritik, die uns oft völlig in Anspruch nehmen.

Die ersten Kapitel helfen dem Leser, die beiden Probleme zu lösen, über die die meisten Meditationsanfänger klagen: (1) »Mein Geist ist unbändig, ich kann keine Ruhe finden«, und (2) »Meine beunruhigendsten Gedanken kehren immer wieder«. Die Meditationsanweisungen für die Arbeit mit diesen beiden Hindernissen hat Tsoknyi Rinpoche angepasst; er beginnt mit dem »Fallenlassen«, bei dem der Meditierende hartnäckige Gedanken gleichsam durchschneidet, und dem »Händeschütteln«, bei dem der Meditierende lernt, sich mit seinen hinderlichsten Gedankenmustern anzufreunden.

Diese Praktiken, die in den Standardanweisungen zur Übung von Achtsamkeit meist fehlen, sind von unschätzbarem Wert. Viele, die mit der Übung von Achtsamkeit beginnen, geben wieder auf, weil sie frustriert und verärgert darüber sind, dass die Gedanken, die sie zu überwinden versuchen, sie weiterhin quälen. Dieses Buch befasst sich damit, wie man solchen Gedanken mit Liebe und Akzeptanz begegnen kann.

Hinzu kommt, dass einige der hier vorgestellten Methoden noch nicht allgemein zugänglich gemacht wurden. Sie sind bislang nur Rinpoches Schülern bekannt, aber noch nicht einer breiteren Öffentlichkeit.

Dieses Buch ist womöglich das Richtige für Sie, wenn

- Sie darüber nachgedacht haben, mit der Meditation zu beginnen, sich aber über die Vorteile nicht ganz im Klaren sind oder nicht wissen, wie Sie beginnen sollen;
- Sie bereits meditieren, sich aber über die Vorteile ebenfalls nicht ganz im Klaren sind beziehungsweise nicht wissen, was Sie als Nächstes tun sollen, um Fortschritte zu machen;
- oder Sie bereits ein überzeugter Meditierender sind und jemandem, der Ihnen wichtig ist, den Einstieg in die Meditation ermöglichen wollen, indem Sie ihm dieses Buch schenken.

ZWEI

LASS ES FALLEN!

Wenn es *möglich* ist, etwas zu ändern,
warum sich Sorgen machen?
Und wenn es *nicht* möglich ist, etwas zu ändern,
warum sich Sorgen machen?

TIBETISCHES SPRICHWORT

TSOKNYI RINPOCHE: DIE ERKLÄRUNG

Als ich in den Siebziger- und Achtzigerjahren in Nepal und Nordindien aufwuchs, verlief das Leben noch langsam und beschaulich. Die meisten Menschen fühlten sich ziemlich geerdet. Unsere Körper waren locker, und wir machten es uns oft beim Tee gemütlich. Beim kleinsten Anlass huschte uns ein Lächeln übers Gesicht. Natürlich gab es auch Herausforderungen wie Armut und Chancenlosigkeit, aber Stress und Eile waren nicht wirklich Teil des Bildes.

Während sich diese Gegenden langsam entwickelten, beschleunigte sich jedoch das Lebenstempo. Es gab immer mehr Autos auf den Straßen, und immer mehr Menschen hatten Jobs, in denen es Abgabetermine und hohe Erwartungen gab. Viele hatten auch ins Leben der Mittelschicht hineingeschnuppert und wollten etwas davon abhaben. Ich bemerkte, dass die Leute anfingen Anzeichen von Stress zu zeigen; körperlich und geistig. Sie zappelten mehr, ihre Beine zitterten nervös unter dem Tisch. Ihr Blick war nicht mehr so stet – ihre Augen zuckten hin und her –, und sie lächelten weniger frei.

Ich bekam das auch selbst zu spüren, als ich begann an komplexen Projekten zu arbeiten. Ich hatte eine langwierige Initiative zur Bewahrung der Texte meiner Überlieferungslinie gestartet, und das Projektbüro lag am anderen Ende der Stadt. Wenn ich aufwachte, war ich im Geist bereits im Büro. Meine Gefühlswelt hämmerte auf mich ein: *Los, los, los! Nur einmal mit der Zahnbürste drüber und dann ausspucken! Einfach das ganze Frühstück in den Mund stopfen, einmal kauen und runterschlucken! Du hast keine Zeit für so was!*

Auf der Fahrt durch Kathmandu zu meinem Büro war der Verkehr fast unerträglich. *Tritt einfach aufs Gas! Mach dir keine Sorgen, wenn du jemanden anrempelst – das macht nichts! Komm möglichst schnell an!* Wenn ich dann das Büro betrat, fühlte ich mich bereits ausgebrannt. Ich trieb alle zur Eile an, ohne mich selbst zu beruhigen oder mir die Zeit zu nehmen, wirklich präsent zu sein. Ich wollte nur so schnell wie möglich wieder verschwinden.

Also duckte ich mich weg und ging irgendwohin; zum Beispiel in ein Café. Wenn ich dort saß und zur Ruhe kommen wollte, fühlte mich aber trotzdem ängstlich und unruhig – obwohl ich gar nichts Besonderes zu tun hatte. Mein ganzes Wesen fühlte sich an wie ein vibrierender Klumpen; meine Gefühle und mein Geist waren grundlos gestresst.

Doch eines Tages beschloss ich, mich selbst herauszufordern. Ich würde anfangen, die Geschwindigkeit meines Körpers – sein natürliches Tempo – zu respektieren, anstatt auf diese störrische, verzerrte überdrehte Energie zu hören. Ich sagte zu mir selbst: *Ich werde einfach alles normal machen; im richtigen Tempo. Ich komme einfach dann im Büro an, wann immer ich ankomme. Ich werde mich nicht von dieser rastlosen Energie drängen lassen.*

So ging ich entspannt durch meinen Morgen und bewegte mich nur in dem Tempo, das zu mir passte. Bevor ich aufstand, streckte ich mich erst mal im Bett. Ich putzte mir die Zähne und nahm mir viel Zeit dafür. Wenn die rastlose Energie mich zu drängen versuchte – *Los doch! Mach hin! Schnapp dir was zum Frühstück und iss es im Auto!* –, hörte ich nicht darauf.

Ich respektierte das Tempolimit meines Körpers. Ich setzte mich zum Frühstück hin, kaute ordentlich und schmeckte mein

Essen. Ich fuhr mit angemessener Geschwindigkeit, ohne das Gefühl von Eile. Ich *genoss* die Fahrt sogar. Wann immer die rastlose Energie mir sagte, ich solle schneller fahren – *Los doch! Komm endlich an!* –, lächelte ich und schüttelte den Kopf. Am Ende erreichte ich mein Büro fast zur gleichen Zeit wie zuvor.

Wenn ich dann reinging, fühlte ich mich frisch und entspannt. Das Büro wirkte ruhiger und schöner, als ich es in Erinnerung hatte. Ich setzte mich zu meinen Mitarbeitern und trank mit ihnen Tee, wobei ich jedem von ihnen in die Augen sah und wirklich präsent war. Ich verspürte keinen Drang, wieder zu gehen.

Unsere Grundlagen finden

Ich möchte hier von Grund auf beginnen. In meiner Tradition bauen wir gern Dinge: Tempel, Nonnenklöster, Klöster, Stupas. Vielleicht ist das eine Kompensierung unserer nomadischen Wurzeln; jedenfalls haben unsere Metaphern oft mit dem Bauen zu tun. Wie jeder Baumeister weiß, ist es wichtig, ein solides Fundament zu haben, auf dem man aufbauen kann. Für die Meditation ist es ebenfalls wichtig, ein gesundes, solides Fundament zu haben, mit dem man beginnen kann.

Die Rohmaterialien sind unser Körper, unser Geist und unsere Gefühle. Wir arbeiten mit unseren Gedanken und Emotionen, unserem Glück und unserer Traurigkeit, unseren Herausforderungen und Kämpfen. Im Falle der *Meditation* haben wir eine solide Grundlage, wenn wir geerdet, präsent und verbunden sind. Heutzutage kann das aus vielen Gründen schwierig sein. Deshalb beginne ich meine eigene Praxis und die Praxis meiner Schüler gerne mit einer Erdungsübung – einer Möglichkeit, den Körper zu finden, im Körper anzukommen, sich mit dem Körper zu verbinden. Die Geschäftigkeit unseres denkenden Verstandes ist scheinbar endlos und führt dazu, dass wir uns oft ängstlich, müde und ungeerdet fühlen. Bei diesem Ansatz geht es also darum, den Wirbel der Gedanken zu durchschneiden, das Bewusstsein zurück in den Körper zu bringen und einfach eine Weile dort zu sein. Wir bringen unseren Geist und unseren Körper wieder in Einklang und finden unsere Grundlage.

Die Technik des Fallenlassens

Die erste Technik, die ich mit Ihnen teilen möchte, das Fallenlassen, dient dazu, die Gewohnheit zu durchbrechen, in unserem denkenden Verstand gefangen zu sein – buchstäblich gedankenverloren – und keine Verbindung mehr zum Körper zu haben. Das Fallenlassen ist nicht so sehr eine Meditation als vielmehr eine Möglichkeit, den Spannung erzeugenden Strom unablässigen Denkens, des Sorgens und der Eile zu unterbrechen. Es erlaubt im gegenwärtigen Moment zu landen; auf eine geerdete und verkörperte Weise. Es macht uns bereit für die Meditation.

Beim Fallenlassen tut man drei Dinge gleichzeitig:

1. Heben Sie die Arme in die Höhe und lassen Sie die nach unten gekehrten Handflächen auf Ihre Oberschenkel fallen.
2. Atmen Sie dabei tief und laut aus.
3. Lassen Sie Ihr Gewahrsein vom Denken in Ihr Körpergefühl fallen.

Ruhen Sie einfach in diesem Gefühl und seien Sie Ihres Körpers gewahr, ohne eine bestimmte Absicht zu haben. Spüren Sie Ihren Körper und alle seine Empfindungen: angenehm oder unangenehm, Wärme oder Kühle, Druck, Kribbeln, Schmerz, Glückseligkeit, was auch immer Sie wahrnehmen. Es spielt keine Rolle, was für Gefühle das sind. Wenn Sie nichts fühlen können, ist das auch in Ordnung. Seien Sie dann einfach mit der Taubheit.

Kurz gesagt: fallen lassen, ruhen, entspannen. Wir lassen einfach zu, dass das Gewahrsein im Körper geerdet wird. Wir sind nicht auf der Suche nach einem bestimmten Zustand, nach einem bestimmten Gefühl. Es ist nicht möglich, etwas falsch zu machen – denn Gefühle und Empfindungen sind nicht richtig oder falsch, sie *sind* einfach.

Da wir die starke mentale Angewohnheit haben, wieder hinauf in den Kopf zu springen und unseren geerdeten Körper aus den Augen zu verlieren, können Sie das Fallenlassen bei Bedarf immer wieder anwenden, um Ihre Gedanken zu unterbrechen. Versuchen Sie es einfach für jeweils fünf Minuten: Lassen Sie Ihre Hände fallen, atmen Sie dabei tief aus und lassen Sie den denkenden Geist in die Empfindung des Körpers fallen. Ruhen Sie dort eine Weile, vielleicht eine Minute oder so, und lassen Sie die Hände dann erneut fallen. Wiederholen Sie dies nach Bedarf immer wieder.

Lassen Sie Entspannung von innen heraus zu. Erlauben Sie sich, *nichts* zu tun. Das mag sich anfangs ein wenig fremd anfühlen, aber mit einiger Übung wird es immer natürlicher und ungezwungener. Während Ihr Gewahrsein sich im Körper niederlässt, nehmen Sie dessen geerdete Qualität wahr, eine natürliche Erdigkeit, Schwere und Stille. Nehmen Sie den Kontakt mit dem Boden oder dem Stuhl wahr. Lassen Sie ein Gefühl für die einfache Ruhe des Seins zu: Es ist einfach nur Ihr Körper; ein erdiger Behälter aus Fleisch, Nerven und Knochen, der hier sitzt und für eine Weile nichts tut.

Lernen zu entspannen

Entspannung ist eine seltsame Sache. Wir alle wollen entspannt sein, aber dies tatsächlich umzusetzen ist überraschend schwierig. Wir denken oft, Entspannung sei das Gegenteil von Wachsamkeit. Wach und aufmerksam zu sein ist unser »On-Modus«, in dem wir Dinge erledigen, während wir im entspannten Zustand abschalten und unser System herunterfahren.

Wenn wir an Entspannung denken, sehen wir uns vielleicht mit der Fernbedienung in der Hand auf eine Couch plumpsen und stumpfsinnig werden. Ein derartiges Entspannen in die Dumpfheit verschafft vielleicht vorübergehend Erleichterung, hilft aber nicht, die eigentlichen Ursachen von Stress auszuräumen. Der Stress bleibt unterschwellig vorhanden, und wir fühlen uns letztlich nicht so erfrischt, wie wir gehofft hatten.

Fallenlassen ist in dieser Hinsicht ein ganz anderer Ansatz. Es ist eine tiefere, innere Entspannung, die mit unserem Körper und unseren Gefühlen verbunden ist und nicht versucht, ihnen zu entkommen und irgendwo anders Entspannung zu finden. Anstatt einen dumpfen Zustand als Gegenmittel gegen Stress zu kultivieren, lernen wir, uns mit Wachheit zu entspannen und die Ursache jenes Ungleichgewichts anzugehen, in dem wir in unsere Gedanken verloren leben.

Für viele Meditationsanfänger können sich beunruhigende Gedanken wie ein unüberwindbares Hindernis anfühlen. Wir hören oft von Menschen, die gerade erst mit der Praxis beginnen, die ein oder andere Version von »Mein Geist ist außer Kontrolle. Ich schaffe das einfach nicht!«. Auf dieses universelle Dilemma – unsere Gedanken kreisen endlos weiter und überwältigen unsere Praxis – zielt das Fallenlassen ab. Es gibt uns eine Möglichkeit, unseren Geist zu klären, wenn auch nur für einen Moment, sodass wir von einer geerdeten, verkörperten Position aus neu beginnen können. Das Fallenlassen unterbricht den Spannung erzeugenden Strom unablässigen Denkens, Sorgens und der Eile und bereitet uns auf jede andere Meditationspraxis vor. Also beginnen wir damit.

Probieren Sie diese Lass-Alles-Fallen-Mantras aus

Es kann manchmal hilfreich sein, auf ein Mantra zurückzugreifen; einen Satz, den Sie still vor sich hin sagen, während Sie das Fallenlassen praktizieren. Es gibt zwei Mantras, die ich gerne benutze. Probieren Sie beide aus, um zu sehen, welches bei Ihnen am besten funktioniert. Hier ist das erste:

Gleich nachdem Ihre Hände auf Ihren Schoß geklatscht sind, sagen Sie dieses Mantra still oder in einem Flüstern wieder und wieder vor sich hin: »Na und? Wen kümmert's! Keine große Sache.«

Dies sendet eine Botschaft an unser ängstliches, besorgtes Gemüt. Es ist eine Erinnerung an ebenjenen Teil unseres Geistes, der sich zu sehr sorgt – der alles ein bisschen zu ernst nimmt. Natürlich ist Fürsorge im rechten Ausmaß gut und wichtig, aber sie ist zu oft mit zusätzlicher Angst vermischt und wird zu neurotischer Überbesorgnis. Dieses Mantra ist ein Gegengift gegen all das.

Sie können auch das hier versuchen: »Was auch immer geschieht, geschieht. Was auch immer nicht geschieht, geschieht nicht.« Sie können dies immer und immer wieder in Ihrem Geist wiederholen oder es sich selbst zuflüstern, wenn das hilfreich ist.

Diese Botschaft erinnert uns daran, uns dem Fluss der Erfahrung zu überlassen, anstatt zu versuchen, alles zu kontrollieren. Auch wenn wir das intellektuell wissen, müssen wir unseren Gefühlskörper doch daran erinnern. Denn dort ist die Eile gespeichert, dort sammelt sich der Stress an.

Diese Mantras haben noch einen anderen Zweck; nämlich die Kommunikation zwischen unserem kognitiven Verstand und unserem Gefühlskörper zu stärken. Wie wir in der nächsten Technik erkunden werden, kann diese Beziehung oft angespannt sein – und das kann Probleme verursachen.

DANIEL GOLEMAN: DIE WISSENSCHAFT

Ich wuchs zwar in einer kleinen Stadt in Kalifornien auf und besuchte eine öffentliche Highschool, zog dann aber in den Osten auf ein Privatcollege, wo es sehr um Wettbewerb ging. Schon im ersten Studienjahr fühlte ich mich durch einen obligatorischen Mathematikkurs in die Enge getrieben. Ich hatte noch nie etwas von Infinitesimalrechnung gehört; ein Thema, das weit über die Mathematik, die in meiner öffentlichen Highschool gelehrt wurde, hinausging. Und im Gegensatz zu meinen Mitschülern, von denen die meisten eine akademisch ausgerichtete Vorbereitungsschule besucht hatten, hatte ich auch keinen Kurs in Elementarmathematik belegt. Tatsächlich hatte ich die Begriffe Elementarmathematik oder Vorbereitungsschule noch nie gehört. Ich bekam eine Vier in meinem Mathekurs im ersten Studienjahr.

Dieser anfängliche Rückschlag löste in mir eine Welle der Angst darüber aus, wie ich wohl in den College-Kursen abschneiden würde. Die Sorgen setzten sich fort, auch nachdem ich in meinen Kursen besser abzuschneiden begann. Sie schienen von der Realität abgekoppelt, nährten sich selbst und kümmerten sich um keinerlei Beweise, durch die sie hätten widerlegt werden können. So funktioniert toxische Sorge.

Es gibt drei Arten von Sorgen. Bei der besten Variante sorgen wir uns so lange – das heißt, konzentrieren uns so lange auf eine Herausforderung und denken immer wieder darüber nach –, bis wir in der Lage sind, durch einen positiven Schritt Abhilfe zu schaffen und die Angst hinter uns zu lassen. Das ist *produktive* Sorge.

Die zweite Art der Sorge tritt auf, wenn wir mit einer Bedrohung oder einer Notsituation konfrontiert sind – und löst sich auf, wenn die Situation vorüber ist. Wir konzentrieren uns auf realistische Weise auf eine Bedrohung. Das ist *angemessene* Sorge.

Aber mich plagten jene Sorgen, die uns in Endlosschleife immer wieder durch den Kopf gehen, ohne dass wir eine Lösung finden. Die Kognitionswissenschaft nennt dies Grübelzwang: Sorgen, die immer weitergehen; als ein unaufhaltsamer Strom von Gedanken. Forschungen an der Stanford University haben ergeben, dass das Grübeln nicht nur unsere schlimmsten Gefühlszustände hervorruft, sondern sie auch noch verstärkt und verlängert.[1] Um drei Uhr morgens werden wir wach, und dieser beunruhigende Gedankenstrom nimmt sofort unsere ganze Wahrnehmung ein. Diese toxische Art der Sorge ist heutzutage allgegenwärtig.

Der Grund für unsere Besorgnis ist sozusagen ein Erbe unserer frühesten Vorfahren. Während eines Großteils der Vorgeschichte des Menschen war ein Gehirn, das ständig nach Gefahren Ausschau hielt, das wichtigste Überlebensorgan. Diese Schaltkreise zur Wahrnehmung von Bedrohungen haben im menschlichen Gehirn überlebt und waren für den größten Teil der Menschheitsgeschichte ein Schlüssel zum Überleben unserer Vorfahren: Wenn diese wachsamen Schaltkreise eine Bedrohung erkannten, führte dies sofort zum Kampf-oder-Flucht-Reflex oder zur Erstarrung, um sich zu verstecken – zumindest bei jenen Vorfahren, die überlebten und uns diesen Reflex vererbt haben. Heute bereiten diese Schaltkreise unsere Physiologie darauf vor, sich auf eine plötzliche starke Reaktion einzustellen, und bewegen uns zum Handeln. Diese reflexartige Reaktion erleben wir als Überflutung durch eine plötzliche, intensive negative Emotion, die mit einem Handlungsimpuls einhergeht.

Die Amygdala ist das Radar des Gehirns für Bedrohungen.[2] Beim geringsten Anzeichen von Gefahr nehmen diese Schaltkreise den präfrontalen Kortex in Anspruch – das Exekutivzentrum des Gehirns – und versetzen uns in Gefühle wie Angst oder Wut. Dies scheint in der Vorgeschichte gut funktioniert zu haben, als die Gefahr, die die Amygdala erkannte, zum Beispiel ein Raubtier war, das uns fressen wollte. Doch im modernen Leben führt uns diese Konstruktion des Gehirns oft in die Irre, und zwar aus mehreren Gründen. Zum einen erhält die Amygdala ein unscharfes Signal. Sie verfügt zwar über superschnelle, nur ein Neuron lange Verbindungen zu Auge und Ohr, aber die meisten Informationen, die ins *Gehirn* gelangen, gehen woandershin. Die Amygdala sieht nur so etwas wie einen rauschenden Fernsehbildschirm. Zum anderen gilt für sie die Entscheidungsregel »Vorsicht ist besser als Nachsicht«. Sie fasst schnelle Entschlüsse auf der Grundlage schlechter Informationen. Aber im modernen Leben sind die »Bedrohungen« selten physischer Natur. Sie spiegeln vielmehr eine komplexe symbolische Realität wider wie zum Beispiel: *Er behandelt mich ungerecht.* Das Ergebnis: Die Amygdala kapert unsere Kommandozentrale zu oft auf eine Weise, die uns zu Handlungen veranlasst, die wir später bedauern. Sie übernimmt also unsere Aufmerksamkeitsschaltkreise und macht die wahrgenommene Bedrohung zum Mittelpunkt unserer Aufmerksamkeit. Wenn sie ins Spiel kommt, richten wir unsere Aufmerksamkeit nicht nur auf die wahrgenommene Bedrohung, sondern rufen uns die Gefahr auch dann immer wieder ins Gedächtnis, wenn unser Fokus zu anderen Gedanken hin abschweift – zusammen mit einem starken emotionalen Impuls, etwas zu unternehmen. Mit anderen Worten: Wir machen uns Sorgen.

Die Art von Sorge, in die ich mich während meiner Studienzeit verirrte – das Grübeln –, ist genau das, wogegen uns das Fallenlassen hilft. Es gibt zwar noch keine Gehirnstudien über das Fallenlassen, aber es lässt sich aus Forschungsergebnissen ableiten, dass eine plötzliche Unterbrechung der zwanghaft kreiselnden Gedankengänge des Grübelns unseren Geist klären kann; ähnlich wie ein plötzliches Erschrecken das, woran wir gerade gedacht haben, abrupt beenden kann. Und um mit dieser Art von Sorgen umzugehen, wandte ich mich dem Weg zu, der mich schließlich zur Schulung bei Tsoknyi Rinpoche führte.

DREI

BAUCHATMUNG

TSOKNYI RINPOCHE: DIE ERKLÄRUNG

Wenn ich ein Wort wählen müsste, um den schwierigsten Aspekt unseres modernen Lebensstils zu beschreiben, dann wäre es »Schnelligkeit«. Das Tempo unseres Privat- und Arbeitslebens in Verbindung mit der Fülle an Informationen und Reizen, die uns ständig erreichen, kann uns aus dem Gleichgewicht bringen und uns unzufrieden machen. Geschwindigkeit, Reizüberflutung und Druck lassen uns empfindlicher und verletzlicher werden. Diese Kräfte hämmern immer wieder auf unsere sensibilisierten Körper und Sinne ein.

Bei näherer Betrachtung von Stress merkte ich aber, dass physischer Körper und kognitiver Verstand eher nicht das Hauptproblem sind. Wir können uns nur so schnell bewegen, wie wir uns bewegen können. Wir sind normalerweise in der Lage, recht schnell zu denken, wenn es notwendig ist. Wo liegt also das Problem? Was stresst uns so sehr? Es ist unsere energetische Welt: unsere Gefühle, Emotionen, Empfindungen und unser Flow. Diese Grauzone wird von uns oft übersehen oder abgetan. Die tibetische Tradition nimmt diesen Bereich des Menschseins allerdings sehr ernst und bietet eine Reihe von Techniken sowie Einsichten an, wie wir unsere Energie ausgleichen und gesund halten können. Und darin liegt der Schlüssel.

Wie ich im letzten Kapitel erwähnte, konnte ich die Auswirkungen von hohem Tempo und Stress in meinem eigenen Leben sehen und in meinem Körper spüren. Diese Dinge stauten sich mit der Zeit auf und begannen mich zu beeinträchtigen. Ich wurde neugierig, wo sich die Auswirkungen tatsächlich bemerkbar machten, und ging sogar zu einer Untersuchung bei meinem Arzt. Körperlich war alles in Ordnung. Als ich in mich hineinschaute, sah ich, dass auch mein Verstand in Ordnung war – er war immer noch scharf und schnell. Was wurde also so sehr beeinträchtigt? Ich erkannte, dass das hohe Tempo und der Stress vor allem meine Energie und meine Gefühle beeinträchtigten – das, was ich inzwischen meinen Gefühlskörper nenne. Ich merkte, dass meine Energie und mein Atem oben in meiner Brust und in meinem Kopf saßen, anstatt unten im Bauch. Dadurch fühlte ich mich aufgekratzt, leicht aus dem Gleichgewicht und nicht geerdet. Ich spürte einen leichten Druck im Kopf und ein leichtes Brennen in den Augen. Mit der Zeit spürte ich auch weniger Freude an Dingen, die mir normalerweise Spaß gemacht hatten, und fing an davon zu träumen, wann ich mir einen Tag freinehmen könnte, um *nichts* zu tun, oder wann ich das nächste Mal einen Urlaub einschieben könnte. Als ich dieses Muster bei mir selbst erkannte, begann ich es überall zu sehen; bei Menschen, denen ich begegnete, und bei Schülern, die ich überall auf der Welt unterrichtete.

Glücklicherweise hatte ich einen gewissen Background in der Arbeit mit Körper und Geist, sodass ich in der Lage war, Techniken anzuwenden, um meine Situation zu verbessern. Als ich anfing, diese Methoden weiterzugeben, stellte ich fest, dass die Menschen sie als hilfreich empfanden. Und so sind die Techniken, die wir in diesem Kapitel vorstellen, solche, die mir und vielen meiner Freunde und Schüler geholfen haben.

VERSUCHEN SIE FÜR EINIGE MOMENTE FOLGENDES: Schließen Sie die Augen und lassen Sie Ihr Gewahrsein in den Körper fallen. Seien Sie mit allem, was auch immer geschieht, präsent. Fühlen Sie einfach nur, wie es ist. Fühlen Sie sich gestresst oder entspannt? Wie fühlt sich das an? Können Sie die physischen Empfindungen des Körpers (Wärme, Kühle, Schmerz, Behagen, Spannung) von den subtileren energetischen Gefühlen (wie etwa vibrierend, schnell, ängstlich, ruhig und so weiter) unterscheiden? Was auch immer geschieht: Sperren Sie sich nicht dagegen und sorgen Sie sich nicht. Fühlen Sie es einfach nur.

Die drei Tempolimits

Als ich mir an jenem Morgen in Kathmandu vornahm, langsamer zu werden, half mir die Erfahrung, mich mit dem natürlichen Tempo meines Körpers zu bewegen, einen wichtigen Unterschied zwischen meinem Körper, meinem denkenden Geist und meiner Energie zu verstehen. Als ich, wie bereits angedeutet, nach der Wurzel des Problems suchte, konnte ich den Stress zu meiner Überraschung weder in meinem Körper noch in meinem Geist finden. Ich erkannte, dass es drei Arten von Tempo gibt: das körperliche, das kognitive und das gefühlsmäßige oder energetische Tempo. Ich konnte ohne Stress und Anspannung gehen und mich schnell bewegen. Mein Körper konnte sich so schnell bewegen, wie er musste; das Problem lag nicht dort. Mein Geist konnte schnell und kreativ denken; auch das war in Ordnung. Es war meine *Gefühlswelt*, die aus dem Gleichgewicht geraten und verzerrt war. Ich erkannte also, dass sich Stress in der energetischen Welt, der Gefühlswelt, ansammelt. Je mehr ich verstand, was in mir vorging, desto deutlicher sah ich es auch im Außen, überall auf der Welt. Wie auch immer wir es nennen: Eile, Unruhe, Rastlosigkeit, Stress. Ich glaube, fast alle von uns können das nachvollziehen.

Ich nenne dieses Verständnis die »drei Tempolimits«: das *körperliche*, das *verstandesmäßige* und das *gefühlsmäßige* oder *energetische* Tempolimit. Der Körper hat sein eigenes gesundes Tempo, aber die Gefühlswelt kann auf eine verzerrte Weise gehetzt werden. Dieses Gefühl von ruheloser, ängstlicher Energie ist nicht gesund. Es ist verzerrt, weil es nicht rational ist; es stimmt nicht mit der Realität überein. Die schnelle Energie sagt uns, dass wir möglichst *jetzt* ankommen müssen, selbst wenn uns das nicht möglich ist. Die Angst sagt uns, dass wir sterben werden; obwohl das gar nicht der Fall ist.

Um das Tempolimit des Körpers von dem der Gefühlswelt zu unterscheiden, stellen Sie sich vor, Sie müssten einen großen Raum aufräumen. Sie gehen hinein und sehen, was zu tun ist. Möbel umstellen, Staub wischen und Staub saugen – das wird etwa eine Stunde dauern. Dies ist das physische Tempolimit. Die Gefühlswelt hingegen kann entweder entspannt sein oder die ganze Zeit auf uns einhämmern: *Mach schneller! Werd so schnell wie möglich fertig! Ich will, dass es vorbei ist!* – Wenn wir das Aufräumen so angehen, fühlen wir uns die ganze Zeit gestresst und in zwanzig Minuten ausgebrannt. Doch ist unsere Energie entspannt, so können wir unser natürliches Tempolimit respektieren und den Raum genauso gut reinigen, ohne dass wir uns gehetzt oder ruhelos fühlen. Vielleicht fühlen wir uns sogar erfrischt, wenn wir fertig sind.

Wenn wir nicht zwischen diesen Tempolimits unterscheiden, ist es so, als hätten wir das Problem nicht richtig diagnostiziert und könnten daher nicht die richtigen Gegenmittel anwenden. Ein großes Missverständnis liegt in der Vorstellung, dass schnelle Energie und schnelle Bewegung fast dasselbe sind. Dann versuchen wir entweder unseren Körper oder unser Denken zu verlangsamen. Beides funktioniert nicht, denn unser Körper und unser kognitiver Geist sind nicht der Ort, an dem das Problem liegt, und auch nicht der Ort, an dem die Lösung zu finden ist. Und nicht nur das: Diese Strategien verursachen nur weitere Probleme. Wenn wir unseren Körper und unseren Geist verlangsamen, mögen wir anfangen uns Sorgen zu machen, ob wir gut in der Welt funktionieren können. Es kann auch sein, dass wir beginnen Angst zu haben und uns von der Welt zurückziehen, als sei sie ein Feind. Aber wir müssen funktionieren; das Leben ist schnell, und wir können es nicht verlangsamen. Wir müssen schnell sein in der Welt. Wir müssen unseren Körper und unseren Verstand bewegen. Schnelles Denken ist gut, es ist nützlich! Was ist also dieser dritte Teil unseres Wesens, dieser undurchsichtige Bereich der Gefühlswelt? Ich denke wirklich, er ist der Schlüssel zum Verständnis von Stress und der Arbeit damit.

Lassen Sie Ihr Gewahrsein in den Körper fallen und empfinden Sie die Gefühle, wie auch immer sie sein mögen. Sind die Gefühle überdreht oder ängstlich, dann fühlen Sie dies. Sind sie entspannt und geerdet, dann fühlen Sie das. Ob Sie sitzen oder stehen, beginnen Sie Ihren Körper zu schütteln und bewegen Sie Ihre Hüften, Ihre Schultern und Arme, so als tanzten Sie zu Ihrer Lieblingsmelodie. Spielen Sie mit der Bewegung, sowohl wenn Sie innerlich *angespannt* als auch *entspannt* sind. Spüren Sie, wie diese Zustände sich anfühlen. Beobachten Sie, ob Sie sich normal oder sogar schnell bewegen können, ohne dass Sie innerlich angespannt sind.

Energie und der feinstoffliche Körper

In der tibetischen Tradition nennen wir die Gefühlswelt den »feinstofflichen« oder »subtilen Körper«. Und die Energie, die durch sie hindurchströmt, nennen wir *Lung*. Dies ist in etwa gleichbedeutend mit dem, was in der chinesischen Tradition *Qi* oder in der indischen Tradition *Prana* genannt wird. Aus Mangel an besseren Begriffen in westlichen Sprachen könnten wir es Energie nennen. Der subtile Körper, der die Welt der Gefühle und Energien ist, wirkt zwischen dem kognitiven Geist und dem physischen Körper. Nach der traditionellen yogischen Physiologie der Tibeter besteht der subtile Körper aus Prana (Energien), *Nadi* (Kanälen) und *Bindu* (Essenzen). Die Nadi oder Kanäle sind die »Struktur«, und sie sind mehr oder weniger gleichbedeutend mit dem, was in der Traditionellen Chinesischen Medizin und der Akupunktur »Meridiane« genannt wird. Unsere Kanäle können verknotet oder durchlässig, blockiert oder offen sein. Unsere Prana oder die Energien, die durch diese Kanäle fließen, können feststeckend oder frei fließend, aus dem Gleichgewicht geraten oder ausgewogen sein. Unsere Bindu oder Essenzen sind wie Samen von Freude, Glückseligkeit, Inspiration, Klarheit und Liebe. (Wir kommen in einem späteren Kapitel auf die Bindu zu sprechen.)

Was hier besonders relevant ist, sind die Prana, die Energien. Sie sind eng mit dem Atem verbunden. Tatsächlich werden Prana oder Lung auch »Winde« genannt. Auch der Atem wird als eine Art von grobem physischem Prana betrachtet. Er hat einen Einfluss auf die subtileren inneren Energien. Wenn wir flach oder holprig atmen – etwa, wenn wir erschreckt oder ängstlich sind –, dann erhöht das die Spannung, die Energie der Stimmung oder der Emotion. Wenn wir tief und gleichmäßig atmen, hilft das, die inneren Energien zu regulieren und zu beruhigen.

Eine unserer wichtigsten Energien wird im tibetischen System »aufsteigender Lung« genannt. Dies ist die Energie, die aufsteigt, wenn wir handeln, reagieren, uns lebhaft bewegen, schnell denken und Dinge erledigen müssen. Diese Fähigkeit, schnell auf dynamische Situationen zu reagieren, ist im täglichen Leben und in Notsituationen sehr nützlich. In einem gesunden System kehrt die aufsteigende Energie zu ihrem natürlichen Ruheort unterhalb des Nabels zurück, sobald sie ihre Arbeit verrichtet hat. Dann können wir uns entspannen und erholen. Wird diese Energie jedoch chronisch überreizt, kehrt sie nicht mehr in ihre natürliche Heimstatt zurück; sie kann in den oberen Körperteilen – Kopf, Nacken, Schultern, Brust und oberer Rücken – stecken bleiben. Sie schwirrt weiter im Oberkörper herum und hämmert weiter auf uns ein. Dann beginnen wir Symptome von chronischem Stress zu spüren. Einige übliche körperliche Signale hierfür sind empfindliche, wässerige Augen, trockener Mund und trockene Lippen, Kopfschmerzen, Spannung im Nacken und den Schultern. Wir können uns verletzlich, ängstlich, aus dem Gleichgewicht geraten und ungeerdet fühlen. Die schnelle Energie löst auch rastlose, ängstliche Gedanken aus.

Man kann sich dies wie ein dreistöckiges Haus vorstellen: Der erste Stock ist der physische Körper, der zweite Stock ist die Energie oder Gefühlswelt, und das obere Stockwerk ist der Geist. Ist der zweite Stock, die Welt der Gefühle und Energien, aus dem Gleichgewicht geraten, stößt die Energie »aufwärts« gegen den Geist; was jene rastlosen, ängstlichen Gedanken auslöst. Sie stößt auch »abwärts« gegen den Körper, was diverse Stresssymptome auslöst. Ist das zweite Stockwerk ausgeglichen und ruhig, können wir unseren Körper schnell bewegen, schnell und kreativ denken – und dennoch entspannt und gesund bleiben. Das Stockwerk der Gefühle und Energien ist der Ort, wo wir Stress ansammeln und wo wir lernen können, ruhig zu sein.

VERSUCHEN SIE FOLGENDES: Lassen Sie Ihr Gewahrsein in den Körper fallen und fühlen Sie die Gefühle und Energien. Seien Sie ein wenig neugierig. Wo ist die Energie? *Was* ist die Energie? Was genau ist es, was da »schnell« ist? Wir laden nicht so sehr eine neue Erfahrung ein, sondern suchen und entdecken etwas, das bereits vorhanden ist.

Die Herausforderung besteht darin, unser natürliches Tempolimit in der Gefühlswelt nicht zu überschreiten. Das moderne Leben bewegt sich schnell, und wir stopfen bereits in jungen Jahren immer mehr Dinge in unseren Alltag hinein. Meine Tochter jonglierte mit Schularbeiten, Prüfungen, Abgabeterminen, Hobbys, Verkehrsmitteln und sozialen Medien – und das, als sie noch ein Teenager war. Wenn dann noch ein Job und eine Familie hinzukommen, können sich Druck und Hektik noch mehr auftürmen. Dieser Druck von außen wird in unser sensibles System internalisiert. Um mitzuhalten und den Überblick zu bewahren, überschreiten wir immer wieder unser natürliches Tempolimit – was gespannte Hoffnungen und Ängste hervorruft. Allzu oft hetzen wir einfach weiter, drängen weiter. Durch unbewusste Ängste, ins Hintertreffen zu geraten oder auseinanderzufallen, ignorieren wir die Botschaften unserer Gefühlswelt, langsamer zu machen, eine Pause einzulegen oder eine Veränderung vorzunehmen. All dies führt dazu, dass unsere natürliche Erdung beeinträchtigt wird.

Im vorigen Kapitel haben wir das Fallenlassen als eine Möglichkeit kennengelernt, aus unserem denkenden Verstand auszusteigen und in unserem Körper zu landen. Wenn wir diese Technik immer wieder praktizieren, kann viel unnötiger Stress verschwinden. Sie kann uns helfen, uns stärker geerdet und verkörpert zu fühlen. Aber nicht jeder Stress lässt sich so leicht abbauen. Einige Formen von Stress haben sich tiefer in unserem Körper, unserem Geist und unserer Gefühlswelt verankert; wir nennen dies Gewohnheitsmuster. Wenn wir unser natürliches Tempolimit oft überschreiten – in der Schule, bei der Arbeit, zu Hause –, wird sich der Zustand des Ungleichgewichts zu einer unterbewussten Gewohnheit oder einem Muster entwickeln.

Mit der Zeit kann dies zu einer energetischen Störung werden – was man in der westlichen Welt als ständige Angst bezeichnen könnte: Wir stellen fest, dass wir uns innerlich nicht beruhigen können, selbst wenn wir es wollen. Sogar wenn unser grober Körper entspannt ist, bewegt sich innerlich etwas. Wir versuchen es zu entspannen, aber wir können es nicht abstellen. Wir brummen weiter. Es ist wie das Automatikgetriebe eines Autos im Leerlauf – bei dem aber das Gaspedal voll durchgedrückt ist. Der Motor rast, aber wir kommen nirgends hin. Viele von uns haben die Erfahrung gemacht, nachts im Bett zu liegen – wir sollten uns eigentlich entspannen und einschlafen, aber wir können es einfach nicht. *Mmmmmmmmmmm* – Energie summt und brummt durch unseren Körper. Wir wälzen uns unruhig hin und her, denken an die Arbeit, machen uns Sorgen über dies und das. Dies ist ein Zeichen für einen Restbestand ungeordneter, unausgewogener Energie. Mit dieser Energie müssen wir arbeiten; wir müssen lernen, sie umzulenken und zu transformieren. Die Übungen konzentrieren sich hier darauf, unsere Energie zu beruhigen. Dies ist wie ein geheimer Schlüssel zum Abbau von Stress.

Eile, Stress, Angst und Unruhe sind also nicht auf den Geist zurückzuführen; ein schneller Geist ist kein Problem. Und es ist auch kein Problem, wenn der Körper sich schnell bewegt. Wir müssen *verstehen*, wann wir zu schnell sind, müssen die schnelle Energie *spüren* und mit unserem Atem arbeiten, um sie wieder ins Gleichgewicht zu bringen. Wenn wir das tun, werden wir eines Tages ein energetisches Gleichgewicht finden. Wir werden den Unterschied zwischen den drei Tempolimits klar erkennen und wissen, wie wir damit umgehen können. Wir werden lernen, die Gefühlswelt zu verlangsamen, aber auch erkennen, dass der Körper und der Geist es nicht nötig haben, langsamer zu werden. Dann können wir schnell unterwegs sein, aber trotzdem ruhig sein. Wir können schnell und sehr kreativ denken, aber unsere Energie bleibt ruhig. Das ist das Ziel.

Denken Sie an einen Kung-Fu-Meister – mein Favorit ist Bruce Lee. Kung-Fu-Meister können sich sehr schnell bewegen, und ihr Geist muss scharf und wachsam sein; aber wenn sie gut sind, bleiben sie ruhig. Unsere Energie ist von Natur aus ruhig und intelligent. Auf dieser Grundlage bewegen sich unser Körper und unser Geist. Wenn unsere Energie zu schnell ist, stellen sich Symptome wie Angst und Unruhe ein. Ist unsere Energie ausgeglichen, dann ist die Wahrscheinlichkeit, dass wir hastig, unruhig und ängstlich werden, viel geringer. Selbst wenn wir einmal »schnell werden«, erholen wir uns viel rascher. Deshalb ist es so wichtig, zwischen gesunder und ungesunder Energie zu unterscheiden. Wir brauchen gesunde Energie, um mit der Welt zurechtzukommen.

Mit diesen Atembewusstseins-Techniken werden wir eines Tages in die Balance kommen. Wir werden versiert darin, mit unserer Energie zu arbeiten. Wir werden Experten darin, welchen Teil von uns wir entspannen und welchen wir verstärken müssen. Mit anderen Worten: Wir werden wissen, wie stark wir die körperliche, die geistige und die Gefühlswelt bewegen können. Wir werden wissen, wie viel Tempo und wie viel Langsamkeit vorteilhaft ist. Wie ein geübter Tänzer, der Bewegung, Stille, Rhythmus und Ausdruck choreografiert, werden wir all diese Aspekte geschickt auszubalancieren wissen. Dann wird das Leben wirklich genussvoll: Die Energie- und Gefühlswelt ist absolut entspannt, der Geist ist klar und offen, und der Körper bewegt sich geschmeidig und glatt. Wenn uns nichts unter Druck setzt, wird unsere gesamte Aktivität zu einem Tanz, zu einer Feier.

Die Praxis

Es gibt vier sanfte Atemtechniken, die besonders nützlich für den Umgang mit der aufsteigenden Energie sind. Diese Methoden trainieren die Energie dazu, zu ihrem natürlichen Sitz unterhalb des Nabels abzusinken und dort zu bleiben. Sie können als wohltuende Übungen für sich stehen, aber im Rahmen einer umfassenderen Schulung auch zusammen geübt werden. Dies sind:

1. Tiefe Bauchatmung oder »Baby-Atmung«.
2. Scannen des Körpers und spüren unserer schnellen Energie.
3. Schnelle Energie und Atembewusstheit miteinander verbinden und zusammen unter Nabelhöhe absenken.
4. Eine höchst subtile Methode, die hauptsächlich Intention mit minimaler Muskelkontrolle nutzt.

Methode 1: Tiefe Bauchatmung oder »Baby-Atmung«

Wenn wir erschrocken, emotional aktiviert oder einfach nur gestresst sind, atmen wir schneller, flacher und zudem mehr in die Brust. Das geschieht unterbewusst und kann mit der Zeit zur Gewohnheit werden. Unser Körper vergisst dann unsere natürliche, entspannte Weise zu atmen. In meiner Tradition gehen wir davon aus, dass die natürliche Atmung tief ist.

Finden Sie eine entspannte Körperhaltung zur Arbeit mit Ihrem Atem. Sie können sitzen oder sich hinlegen. Wenn Sie auf dem Boden oder einem Stuhl sitzen, versuchen Sie eine Haltung zu finden, in der Ihr Rücken gerade, aber nicht angespannt, aufrecht, aber entspannt ist. Die Stellung Ihrer Hände und Füße ist nicht so wichtig; jeder von uns hat andere körperliche Voraussetzungen. Probieren Sie verschiedene Stellungen aus und schauen Sie, welche es Ihnen erlaubt, gerade und dabei entspannt zu sein. Ganz gleich, welche Haltung Sie einnehmen, der wichtigste Punkt ist die Entspannung.

TIPP: *Wenn Sie auf einem Stuhl sitzen, versuchen Sie entweder die Beine auf dem Stuhl zu überkreuzen oder sitzen Sie so, dass Ihre Füße flach auf dem Boden stehen. Wenn Sie sich hinlegen, versuchen Sie mit gerader Wirbelsäule auf dem Rücken zu liegen; wenn Sie können, mit angezogenen Beinen und den Füßen flach auf dem Boden.*

Legen Sie als Nächstes die Hände auf den Unterbauch. Die Daumen sollten etwa auf der Höhe des Nabels liegen. Entspannen Sie Schultern und Arme. Beginnen Sie sanft aus dem Bauchraum zu atmen, wobei Ihre Hände mit jedem Atemzug angehoben werden und absinken. Sie können Ihr Gewahrsein mit dem Heben und Senken des Bauches und der Hände ruhen lassen. Versuchen Sie Nacken, Schultern und Brust völlig zu entspannen, sodass es dort keine Spannung mehr gibt. Erlauben Sie dem Oberkörper völlig zur Ruhe zu kommen und lassen Sie den Unterbauch die meiste Bewegung machen.

TIPP: *Falls es Ihnen schwerfällt, den Atem in Ihrem Bauch zu finden oder sich damit zu entspannen, versuchen Sie mit angezogenen Beinen und flach auf dem Boden stehenden Füßen auf* *dem Rücken zu liegen. Legen Sie ein mittelgroßes schweres Objekt wie ein großes Buch auf Ihren Bauch. Fühlen Sie, wie es sich sanft hebt und senkt, während Sie die Bauchatmung üben. Dies kann helfen, Ihren Körper und Ihr Gewahrsein bei dieser Übung zu beruhigen.*

Wenn Sie sich entspannt fühlen und in einem regelmäßigen Rhythmus atmen, dann atmen Sie nun tiefer und lassen Sie zu, dass sich Bauch und Hände mit jedem Atemzug heben und senken. Fügen Sie daraufhin kurze Pausen nach dem vollen Einatmen und dem vollen Ausatmen ein. Mit anderen Worten: Machen Sie nach dem Ausatmen für einige Sekunden eine Pause, bevor Sie wieder einatmen. Am Ende des Einatmens halten Sie den Atem für einige Sekunden an, bevor Sie beginnen auszuatmen. Diese Pausen, das Anhalten des Atems für einige Sekunden, sollten entspannt und angenehm sein. Halten Sie den Atem nicht so lange an, bis Sie eine Atembeklemmung verspüren oder angespannt sind. Dies ist kein Wettstreit – *mehr* ist nicht unbedingt besser –, es ist eine schrittweise Übung. Wir erkunden einfach nur eine neue Art zu atmen.

TIPP: *Eines Tages können Sie fühlen, welche Pause hilfreicher ist: die nach dem Einatmen oder die nach dem Ausatmen. Was immer für Sie gut ist, tun Sie es. Mit der Zeit machen Sie Fortschritte und fühlen sich besser beim Anhalten des Atems. Die Dauer des Anhaltens verlängert sich dann ganz natürlich.*

Entspannen Sie sich immer weiter und fahren mit der Bauchatmung fort. Erlauben Sie Ihrem Körper, Freude an dieser tiefen rhythmischen Atmung zu haben. Gestatten Sie es Ihrem ganzen System, sich zu beruhigen und loszulassen; wie ein Baby, das ohne irgendwelche Sorgen in der Welt ruht. Fahren Sie mit der Übung so lange fort, wie Sie sich damit wohlfühlen. Diese Methode der tiefen Bauchatmung hat viele Vorteile, auch ohne die folgenden Techniken.

Methode 2: Der Body Scan

Das Ziel des *Body Scan* ist, unsere schnelle Energie zu finden und uns mit unseren Gefühlen von Angst oder Ruhelosigkeit zu verbinden. Es ist wichtig, hier eine Einstellung von Sanftheit und Neugierde einzubringen. Ansonsten könnten wir beginnen unsere Geschwindigkeit als Feind oder als eine Krankheit zu betrachten, die eliminiert werden muss. Stattdessen behandeln wir sie mit Zärtlichkeit, wie ein aufgedrehtes Kind. Diese Methode unterscheidet sich ein wenig von anderen traditionellen Body-Scan-Techniken – zum Beispiel von der, die den Schwerpunkt auf offenes, wahlfreies Gewahrsein legt –, denn wir entscheiden uns hier, unser Augenmerk auf schnelle Energie zu richten. Wie bereits die erste Methode, so tut diese Technik auch für sich genommen auf vielfache Weise gut, aber sie dient auch als wichtige Vorbereitung auf die dritte Übung, auf *Kumbhaka*, die sanfte »Vasenatmung«.

Fangen Sie damit an, dass Sie eine angenehme Körperhaltung einnehmen, in der Ihre Wirbelsäule gerade, aber Ihr ganzer Körper entspannt ist. Sie können sitzen oder sich hinlegen. Beginnen Sie für einige Atemzüge mit dem Fallenlassen und, wenn Sie genügend Zeit haben, vielleicht mit einigen Minuten der tiefen Bauchatmung.

Dann richten Sie Ihr Gewahrsein auf Ihren energetischen Gefühlskörper und erkunden ihn, um die schnelle Energie aufzufinden. Es gibt zwei Arten des Scannens: indem Sie Ihr Gewahrsein durch den Körper wandern lassen oder indem Sie Ihr Gewahrsein dorthin richten, wo es gebraucht wird. Sollten Sie bereits wissen, wo die schnelle Energie sich befindet, können Sie einfach direkt dorthin gehen. Wissen Sie es nicht, so lassen Sie Ihr Gewahrsein entspannt durch den Kopf, das Gesicht, den Nacken, die Schultern, den oberen Rücken und die Brust wandern. Denken Sie daran, neugierig und sanft zu sein. Das Hauptaugenmerk liegt darauf, sich direkt mit Empfindungen und Gefühlen zu verbinden. Es gibt bei diesem Schritt keine andere Absicht. Wir suchen nicht nach *bestimmten* Empfindungen oder Gefühlen, und wir versuchen auch nicht, unsere Erfahrung an diesem Punkt zu verändern. Wir erkunden bloß Schnelligkeit und Ruhelosigkeit.

Die Empfindungen und Gefühle, die mit schneller Energie verbunden sind, können recht subtil sein. Wenn Sie mit der Erkundung fortfahren, kann es sein, dass Sie gröbere physische Empfindungen wie Enge, Schmerz, Hitze oder Trockenheit bemerken, aber auch subtilere Empfindungen wie ein Kribbeln, Vibration oder ein Summen. Praktizieren Sie weiter, scannen Sie immer wieder und seien Sie neugierig auf und offen für das, was auch immer Sie fühlen.

Methode 3: Sanfte Vasenatmung mit Anhalten

Diese Methode ist eine sanftere Version der klassischen Technik der Vasenatmung. Auch wenn Sie sie ohne Hilfe eines erfahrenen Meditationslehrer durchführen können, folgen Sie der Anleitung bitte mit Sorgfalt und hören Sie auf Ihren Körper.

Die sanfte Vasenatmung ist der Punkt, an dem alles zusammenkommt. Wir bauen auf unsere Fähigkeiten der Bauchatmung und des Body Scan auf und lernen, den Atem, schnelle Energie und Gewahrsein zusammenzubringen und unterhalb des Nabels zu halten. Diese Übung muss immer und immer wieder ausgeführt werden, denn wir *trainieren eine energetische Gewohnheit neu*. Es ist sehr wichtig, dass der Körper entspannt bleibt und der Druck *sehr sanft* ist. Wenn wir uns verkrampfen und zu stark drücken, kann die Übung nach hinten losgehen und unsere Energie noch mehr aus dem Gleichgewicht bringen. Sind wir zu angespannt, vor allem im oberen Bauchbereich um den Solarplexus und das Brustbein herum, kann sich die Energie anfühlen wie blockiert und in unsere Brust und unseren Kopf »zurückspringen«. Das kann dazu führen, dass wir uns vorübergehend schlechter fühlen.

Dies ist also eine subtile Praxis. Sie müssen damit spielen, um das richtige Gleichgewicht zu finden. Um diese Praxis zu visualisieren und dadurch zu verstehen, können wir vor allem zwei Metaphern verwenden: die *French Press* (Kolbenkanne) und den Ballon. Diese beiden Techniken können zu unterschiedlichen Erfahrungen führen; also spielen Sie mit ihnen und finden Sie heraus, was sich natürlicher und wohltuender für Sie anfühlt.

Nehmen Sie entweder im Sitzen oder im Liegen eine Haltung ein, bei der die Wirbelsäule gerade, aber der ganze Körper entspannt ist. Beginnen Sie mit einigen Minuten der tiefen Bauchatmung, um den Körper vorzubereiten. Dann scannen Sie den Körper nach schneller Energie; nach Anzeichen von Ruhelosigkeit, Angst oder Vibration. Wenn Sie spüren, dass Sie sich mit dieser Energie verbunden haben, gehen Sie zum nächsten Schritt über.

DIE FRENCH PRESS: Bleiben Sie entspannt und geerdet, während Sie vollständig ausatmen. Wenn sie dann durch die Nase einatmen, stellen Sie sich vor, dass der Atem sich mit der schnellen, ruhelosen Energie durchmischt; drücken Sie diese nun sanft nach unten; so wie der Kaffeesatz in einer French Press sanft zum Boden gedrückt wird. Die schnelle Energie wird dadurch vom Oberkörper durch den Bauch abwärts zu ihrem natürlichen Platz unterhalb des Nabels gebracht. Dann halten Sie den Atem dort für einige Sekunden an. Die Energie muss in der »Vase« eingeschlossen bleiben; deshalb drücken wir mit den Muskeln, die wir benutzen, um den Darm zu entleeren, *ganz sanft* nach unten, um alles dort festzuhalten. Man muss nicht stark drücken. Atmen Sie vollständig aus, atmen Sie wieder ein und wiederholen den Zyklus immer und immer wieder.

DER BALLON: Dies ist körperlich im Wesentlichen die gleiche Praxis, doch manche Menschen finden das Bild der French Press zu kraftvoll und drücken deshalb zu stark. Statt also die French Press zu verwenden, stellen Sie sich vor, dass sich in Ihrem Unterbauch unterhalb des Nabels ein Ballon befindet. Bei dieser Version der Übung stellen wir uns nicht vor, dass wir irgendetwas von oben nach unten drücken. Jedes Einatmen füllt den Ballon, und jedes Ausatmen leert ihn wieder.

Während Sie entspannt und geerdet bleiben, atmen Sie vollständig aus und leeren den Ballon. Während Sie dann einatmen, stellen Sie sich vor, dass der leere Ballon den Atem und die schnelle Energie nach unten saugt und ihn unterhalb des Nabels auffüllt. Wenn der Ballon voll ist, »kneifen« Sie ihn, um zu vermeiden, dass die Energie entweicht, oben zusammen, und pressen *sehr sanft* mit den Muskeln, die wir zum Entleeren des Darms benutzen, nach unten. Halten Sie den Atem für einige Sekunden an. Atmen Sie dann vollständig aus und wiederholen Sie den Zyklus immer und immer wieder.

Wenn Sie den Atem auf diese Weise anhalten, ist es wichtig, dass Sie ihn nicht so lange anhalten, bis Sie Anspannung empfinden oder um Atem ringen. Beginnen Sie mit nur wenigen Sekunden und verlängern Sie die Dauer des Anhaltens allmählich im Laufe von Tagen und Wochen. Wenn Sie regelmäßig üben, wird Ihre Fähigkeit ganz natürlich zunehmen, ohne dass Sie etwas erzwingen. Wenn Sie zum Beispiel mit zwei oder drei Sekunden beginnen, können Sie im Lauf der Zeit zu zehn Sekunden und dann zu zwanzig Sekunden und mehr fortschreiten.

Dies wird Ihnen sehr wohltun, denn die Verlängerung der Fähigkeit, den Atem ohne Anstrengung anzuhalten, ist oft ein Anzeichen für mehr Entspannung des subtilen Körpers und größere Kontrolle über die Energien.

Sollten Sie beim Üben Enge im Kopf oder der Brust empfinden, sich benommen oder schwindlig fühlen, kann es sein, dass Sie sich verkrampfen, zu heftig drücken oder den Atem zu lange anhalten. Unterbrechen Sie die Übung und entspannen Sie sich eine Weile. Versuchen Sie dann, sanfte Bauchatmung und Body Scan zu üben, um zu sehen, wo sich die Spannung aufbaut. Versuchen Sie diese zu entspannen.

Methode 4: Die extrasanfte Herangehensweise

Diese abschließende Methode ist für Praktizierende geeignet, die eine gewisse Geübtheit in den anderen Techniken erlangt haben. Wenn wir uns mit der Bauchatmung wohlfühlen, uns bewusst mit der schnellen Energie verbinden und sie regelmäßig nach unten absenken können, sodass sie in ihrer natürlichen Heimstatt unterhalb des Nabels zur Ruhe kommt, dann können wir diese vierte Technik ausprobieren. Wir haben eine Verbindung zwischen Energie und Gewahrsein hergestellt und können diese nun nutzen, um die schnelle Energie beinahe ohne Aufwand abzusenken.

Wir haben vielleicht bemerkt, dass die zuvor beschriebenen Übungen sehr segensreich sind, aber wenn wir aufstehen und andere Dinge erledigen, schießt unsere schnelle Energie wieder nach oben und wird aktiviert. Schließlich können wir nicht reden und uns normalen Beschäftigungen widmen, während wir den Atem anhalten! Diese vierte Technik erlaubt es uns, eine Brücke zwischen diesen Übungen und dem täglichen Leben zu schlagen. Sie ermöglicht es uns, weiter von den Wohltaten der vorangegangenen Übungen zu profitieren, während wir reden, herumlaufen, arbeiten und uns in unserem täglichen Leben betätigen.

Beginnen Sie, indem Sie sich mental mit der Energie in Ihrem Körper verbinden und ausatmen. Während Sie einatmen, stellen Sie sich vor, dass Sie Atem, Energie und Gewahrsein abwärts in den Unterbauch bringen. Sobald Sie – nur um den Körper daran zu erinnern – ein klein wenig muskuläre Kraft eingesetzt haben, behalten Sie etwa zehn Prozent Ihrer Energie und des Atems unten in der »Vase« und atmen darüber natürlich ein und aus, wobei Sie Brust und Schultern entspannt halten. Seien Sie so natürlich und normal wie möglich. Diese Praxis ist so subtil, dass niemand zu bemerken braucht, dass Sie sie anwenden.

Zuerst werden wir dabei immer wieder vom Leben abgelenkt werden; die Praxis wird uns entgleiten. Doch immer, wenn das der Fall ist, brauchen wir nur einen Atemzug, um uns wieder damit zu verbinden. Allmählich bilden wir so eine neue Gewohnheit heraus, und die Praxis fällt uns immer leichter. Wir werden uns den ganzen Tag lang stärker geerdet fühlen. Wir werden bemerken, dass wir mit vielen Situationen, die uns zuvor gestresst haben, leichter umgehen können. Diese Praxis ist auch ausgesprochen hilfreich bei langen Besprechungen!

DANIEL GOLEMAN: DIE WISSENSCHAFT

Meine Frau und ich saßen zusammen mit Tsoknyi Rinpoche in einem Taxi auf dem Weg zum Bahnhof von Delhi. Es war im März 2000, und wir hatten Plätze in einem Zug reserviert, der uns hinauf nach Dharamsala bringen sollte, wo ich ein Treffen des Dalai Lama mit einer Handvoll Psychologen zum Thema »destruktive Emotionen« moderieren sollte. Wir hatten reichlich Zeit für die Taxifahrt eingeplant, aber verschiedene Staus kosteten uns immer mehr von unserem Zeitpuffer. Ich wurde, ehrlich gesagt, immer angespannter und machte mir zunehmend Sorgen, dass wir unseren Zug verpassen würden. Eine destruktive Emotion hatte mich im Griff.

Meine Angst kochte schließlich über, als unser Taxi bei Rotlicht vor einer Ampel an der Kreuzung zweier ausgesprochen breiter Straßen anhielt, die eher wie große Parkplätze gepackt voller Autos (und hier und da einem Ochsenkarren, einer Fahrradrikscha und einer Kuh) aussahen. Die rote Ampel brachte uns für eine gefühlte Unendlichkeit von Minuten zum Stehen. Ein kleines silberfarbenes Wort – *relax* – inmitten des roten Ampellichts änderte nichts an meinem Zustand. Ich vermochte mich nicht zu entspannen und wurde zunehmend nervös. In meinem Kopf wirbelten Farben, Geräusche und Gerüche herum wie ein Hurrikan. Obwohl auf unseren Spuren nichts vorwärtsging, machten die Fahrer um uns herum ihrer Ungeduld durch eine immer lautere Hup-Kakofonie Luft. Ich hatte, inmitten des Staus, ein immer stärkeres Gefühl der Dringlichkeit, einen Knoten ohne Sinn und Verstand, der niemals auflösbar erschien.

»O Mann!«, sagte ich zu Rinpoche. »Dieser Verkehr ist wirklich chaotisch. Ich beginne mir Sorgen zu machen, dass wir unseren Zug verpassen.«

Mit sanfter ruhiger Stimme fragte er: »Spürst du die Geschwindigkeit? Kannst du herausfinden, wo sie ist?«

Ich schloss die Augen, scannte meinen Körper und bemerkte ein Brummen von Empfindungen und eine zunehmende Anspannung in meinem Bauch. Ich nickte.

Rinpoche fuhr fort: »Finde sie. Fühle sie. Das bist nicht du. Es ist nicht dein Geist und auch nicht dein Körper. Es ist deine Energie.« Er fügte hinzu: »Spüre zuerst die Geschwindigkeit in dir – wie sie sich in deinem Körper anfühlt. Dann werde dir darüber klar, dass du dich auf deine *Gefühlswelt* einstimmst. Finde heraus, wo in deinem Körper du die Geschwindigkeit deiner Energie fühlst. Dann atme ein und halte den Atem unterhalb deines Nabels so lange an, wie es angenehm für dich ist. Dann atme langsam aus und halte etwa zehn Prozent der Luft zurück.«

Ich verstand, was er meinte, nahm einen tiefen Atemzug und ließ die Luft langsam heraus. Rinpoche führte mich auf diese Weise durch mehrere Atemzüge, und wunderbarerweise ließ meine Anspannung nach. Die Ampel sprang um, der Verkehr kam wieder in Bewegung, und ich fühlte mich ruhiger. An Ort und Stelle leitete Rinpoche mich dazu an, den Body Scan und die Methode der sanften Vasenatmung zu nutzen.

Wie wir gerade gehört haben, ist die sanfte Vasenatmung eine von mehreren Methoden der Arbeit mit unserem Atem zur Beruhigung unserer nervösen Energie. Diese Übungen der Atemkontrolle gab es bereits im alten Indien, und sie gelangten zusammen mit dem Buddhismus zwischen dem neunten und elften

Jahrhundert nach Tibet. Mehrere dieser Methoden blieben erhalten und werden noch bis heute in verschiedenen Bereichen des Tibetischen Buddhismus gelehrt. Ihr Zweck ist, den Geist für die Meditation zu beruhigen. Die Wissenschaft bestätigt, dass sie dies tun. Es gibt fundierte Forschungsergebnisse, die das Potenzial dieser Atemmethoden bestätigen.

Während der letzten Jahrzehnte haben Wissenschaftler diesem Thema ihre Aufmerksamkeit zugewandt und herausgefunden, dass die Atemkontrolle eine starke Wirkung auf unseren Geisteszustand hat. Kurz gesagt, sie hilft uns, unseren Geist handhaben zu können.

Wichtige Teile der emotionalen Schaltkreise des Gehirns werden von der Amygdala, unserem neuronalen Radar für Bedrohungen, getriggert. In unserem heutigen stressigen Leben feuert unsere Amygdala viel öfter als nötig; und das Tempo, das uns gefangen nimmt, verstärkt unseren Stress noch. Das löst die Aktivität des »sympathischen Nervensystems« in uns aus, durch die unser Körper sich auf einen Notfall vorbereitet: Herzschlagfrequenz und Blutdruck steigen an, die Bronchien weiten sich, und wir atmen schneller, die Verdauung wird abgeschaltet, das Blut fließt von den Organen in Arme und Beine (damit wir besser kämpfen oder flüchten können), und wir schwitzen.

Diese Notfallreaktionen werden durch Hormone wie Adrenalin und Cortisol ausgelöst, die all diese Systeme mobilisieren, um sie auf die schwierige Situation vorzubereiten. Eine solche biologische Reaktion wird heutzutage allerdings *zu oft* ausgelöst. (Der lästige langsame Fahrer! Der beängstigend schnelle Fahrer! Schwierigkeiten mit den Kindern. Der furchtbare Chef!) Und wenn bereits Stresshormone durch uns hindurchströmen, wird die nächste Stressreaktion noch leichter ausgelöst. Wie wir bereits besprochen haben, wird diese Bedrohungsreaktion heutzutage auch als Antwort auf symbolische Bedrohungen getriggert –

wie das Gefühl, dass uns jemand ungerecht behandelt –, nicht nur durch den physischen Überlebensnotstand, für den sie ursprünglich gedacht war. Ungerecht behandelt zu werden fühlt sich natürlich schlecht an. Aber es ist nicht gerade eine Bedrohung unseres Lebens, für die unsere Kampf-oder-Flucht-Reaktion vorgesehen war. Dennoch übernimmt diese biologische Maschinerie, die unser Überleben sichern sollte, die Kontrolle, wenn wir einer psychischen Bedrohung wie einer ungerechten Behandlung ausgesetzt sind.

Wir können diese Kampf-oder-Flucht-Reaktion viele Male an einem einzigen Tag durchlaufen; allzu oft ohne dass wir Zeit haben, sie zu beenden. Eine solche anhaltende, ständige Kampf-oder-Flucht-Reaktion überfordert unsere Biologie und hat langfristige negative Folgen, wie zum Beispiel zunehmende Neigung zu Entzündungen, verringerte Abwehrkräfte des Immunsystems sowie eine größere Anfälligkeit für eine Reihe von stressbedingten Krankheiten.[3]

Während des Notfallmodus richtet sich unsere Aufmerksamkeit auf die vermeintliche Bedrohung – und selbst wenn wir versuchen, etwas Wichtigeres zu erledigen, bleiben wir mit dem beschäftigt, was uns beunruhigt. Die Reaktion ist so stark, dass wir sogar nachts um zwei noch an die Bedrohung denken und daran, wie wir damit umgehen sollen.

Diese Art von ängstlicher Sorge dient, wie wir im zweiten Kapitel gelesen haben, keinem nützlichen Zweck. Einige von uns werden vielleicht traurig oder wütend, während andere in Panik geraten. Es gibt keine typische Reaktion, aber keine der vielen *wahrscheinlichen* Reaktionen hilft uns weiter.

Im Gegensatz dazu steht die »parasympathische Reaktion«, der physiologische Zustand, in dem der Körper sich ausruht und von einer Belastung erholt. Unsere Herzschlagfrequenz und unser Blutdruck sinken, und unser Atem beruhigt sich, ebenso wie die anderen biologischen, durch die Notfallreaktion entstandenen Hochschaltungen. Bei der »parasympathischen Reaktion« nimmt unsere Verdauung ihren normalen Betrieb wieder auf. Dies ist der biologische Zustand, in dem der Körper ruht, sich erholt und entspannt. Wir können essen, Sex haben, schlafen.

Die Notfallreaktion des Körpers hat einen Anfang (wenn sie getriggert wird), einen Höhepunkt in der Mitte – und sie hat ein Ende, wenn wir die Chance haben, uns wieder zu beruhigen. Das ist es, was die Methode der Atemkontrolle, die Rinpoche hier anbietet, für uns tut: Sie beendet den Stresszyklus, in dem wir gefangen sind.

Meditation als Stressreduktion

Während meines langen Indien-Aufenthalts zu Anfang der Siebzigerjahre traf ich viele tiefenentspannte Praktizierende asiatischer Methoden der Geistesschulung. Deshalb hatte ich bei meiner Rückkehr nach Harvard die Vorteile yogischer Praktiken wie der Atemkontrolle im Sinn. Ich war überzeugt, dass diese erfahrenen Yogis, Lamas und anderen Lehrer etwas Wichtiges entdeckt hatten; eine Methode zur Steuerung unseres Geistes, die die zeitgenössische Psychologie nicht kannte.

Zu dieser Zeit befand ich mich in Harvard in einem Graduiertenprogramm in klinischer Psychologie. Es wurde von einer psychoanalytischen Sichtweise des Geistes dominiert, und die Fakultätsmitglieder waren nicht gerade offen für andere Ansichten. Meine Professoren waren geradezu engstirnig gegenüber allem, was mit Bewusstsein zu tun hatte, insbesondere wenn es aus dem Osten kam. Das wurde mir letztlich klar, als mein Kommilitone Richard Davidson vorschlug, für seine Dissertation östliche Methoden der Bewusstseinsschulung zu erforschen, und ihm klipp und klar gesagt wurde, dass dies ein »karrierebeendender« Schritt sein würde.[4]

Auch ich wollte für meine Dissertation eine solche Studie durchführen. Doch würde ich dafür ein Komitee der Harvard-Fakultät finden müssen, das meine Arbeit bewertete und für sie bürgte – und die meisten meiner Professoren waren nicht daran interessiert. Zum Glück fand mein einziger Verbündeter an der Fakultät, David McClelland, irgendwie einen Arzt an der Harvard Medical School, der bereit war, in meinem Ausschuss zu sitzen. Das war Herbert Benson, ein Kardiologe.

Dr. Benson hatte eine Vorstudie durchgeführt, die die Vermutung nahelegte, dass Meditation den Blutdruck zu senken vermochte; eine Wirkung, die für die Kardiologie von großem Interesse war. Er verfolgte diese Erkenntnis weiter und schrieb später ein Buch mit dem Titel *The Relaxation Response*, das ein Bestseller wurde.[5] Von »Entspannungsreaktion« zu sprechen, war dabei eine leserfreundliche Bezeichnung für »Erregung des parasympathischen Nervensystems« (zugegebenermaßen ein ziemlicher Brocken).

Dr. Benson beschrieb, was inzwischen allgemein bekannt ist, damals aber gerade erst neu entdeckt wurde: wie der Körper während der Entspannungsreaktion in einen Zustand tiefer Entspannung übergeht, der den biologischen Modus der Erholung von der Erregung des Kampf-oder-Flucht-Modus ermöglicht. Er verstand östliche Praktiken, die die Entspannungsreaktion auslösen, als eine nicht medizinische Intervention, die Menschen helfen kann, die an stressbedingten medizinischen Problemen erkrankt sind, so wie Bluthochdruck, Asthma und so weiter. Sein Interesse galt vor allem mentalen Methoden wie der Meditation, die er aus ihrem ursprünglichen spirituellen Kontext herauslöste und dadurch für jeden zugänglich machte, unabhängig von religiösem Glauben (oder der Abwesenheit eines solchen).[6]

Ähnliche Methoden der Geistesschulung in östlichen Traditionen wurden meist von Techniken der Atemkontrolle begleitet; aber diese wurden von Dr. Benson nicht erforscht. Erst kürzlich haben Wissenschaftler begonnen zu untersuchen, was in Gehirn und Körper passiert, wenn wir unsere Atmung kontrollieren; insbesondere um sie zu verlangsamen. Stress und Angst beschleunigen natürlich unsere Atemfrequenz. Studien, die sich mit den Auswirkungen einer verlangsamten Atmung auf unser Gehirn, unseren Geist und unseren Körper befassen, stellen im Allgemeinen eine starke Verschiebung in den parasympathischen Modus fest. Das hätte einen Yogi vor ein oder zwei Jahrtausenden nicht überrascht (wenn man ihm vorab den sympathischen und den parasympathischen Modus erklärt hätte). Diese Verschiebung ist ein Grund dafür, dass Methoden zur Atemkontrolle seit der Antike Teil einer Reihe von spirituellen Praktiken sind.

Es gibt verschiedene Möglichkeiten, unseren Atem zu kontrollieren: etwa ihn zu verlangsamen, tiefer einzuatmen, die Dauer des Ausatmens gegenüber der Dauer des Einatmens zu verändern.

Vielleicht probieren Sie eine dieser Methoden sowieso gerade aus, während Sie dies lesen. Und falls nicht, möchte ich Sie ermutigen, dies jetzt zu tun. Experimentieren Sie einfach damit, wie es Ihren geistigen oder körperlichen Zustand verändern kann, wenn Sie die Kontrolle über Ihren Atem übernehmen. Wir haben gerade vier Methoden kennengelernt, die diese Veränderung unserer natürlichen Atmung nutzen, um mit unserer schnellen Energie zu arbeiten.

Die alten Methoden der Atemkontrolle, auf Sanskrit *Pranayama* genannt, verwendeten alle diese Atemkontrollmethoden auf die eine oder andere Weise. Die moderne Forschung zum Thema hat diese Methoden aus ihrem spirituellen Kontext herausgelöst und ins Labor gebracht, um zu untersuchen, welchen Nutzen solche Veränderungen für das Wohlbefinden, die Gesundheit, die Entspannung und die Stressbewältigung haben könnten. Dabei mussten die Wissenschaftler die Atemkontrolle von der spirituellen Geistesschulung, Hatha-Yoga und anderen Praktiken, mit denen sie traditionell in Verbindung gebracht wird, abgrenzen.

Der präziseste mir bekannte Bericht über wissenschaftliche Erkenntnisse zur Atemkontrolle untersuchte die Vorteile einer Verlangsamung der Atmung auf zehn oder weniger Atemzüge pro Minute. Der normale Bereich liegt bei zwölf bis sechzehn pro Minute.[7] Der Bericht schloss Studien zu Methoden aus, die keine Kontrolle des Atems beinhalten, wie zum Beispiel die Achtsamkeit beim Atmen, bei der sich eine Person einfach ihrer Atmung bewusst wird, ohne zu versuchen, sie zu verändern. Ebenfalls ausgeschlossen wurden Studien, in denen die Teilnehmer berichteten, wie sie sich fühlten. Für Wissenschaftler sind solche Selbstbeurteilungen weniger vertrauenswürdig als objektive Messungen wie Gehirnströme, die keine Verzerrungen durch Erwartungen enthalten können.

Die Verlangsamung der Atmung auf sechs Atemzüge pro Minute hatte auffällige Auswirkungen auf die Herzfrequenzvariabilität, ein Zeichen für körperliche Fitness, das an der Zeit zwischen den einzelnen Herzschlägen gemessen wird. Unsere Herzschlagfrequenz resultiert aus dem Zusammenspiel vieler biologischer Kräfte. Zwei hauptsächliche Kräfte sind der Kampf-oder-Flucht-Modus, der die Herzfrequenz beschleunigt, und der Entspannungsmodus, der sie verlangsamt. In der Hektik des modernen Lebens neigen die Menschen dazu, eine höhere Herzschlagfrequenz zu haben, was ein kleineres Intervall zwischen den einzelnen Schlägen bedeutet.

Es mag kontraintuitiv erscheinen, aber abwechselnd längere *und* kürzere Pausen zwischen den Schlägen weisen auf eine biologische Bereitschaft zur Anpassung an wechselnde Anforderungen hin.[8] Der Unterschied in der Pausenzeit resultiert aus dem ständigen Tauziehen zwischen dem parasympathischen und dem sympathischen Zweig des Nervensystems. Unterscheiden sich diese Lücken im Ruhezustand aber wenig vom Zustand im aktiven Modus, so bedeutet dies normalerweise, dass ein Zweig, typischerweise der Kampf-oder-Flucht-Zweig, die Oberhand gewonnen hat, was auf Dauerstress hinweist. Die Wissenschaftler, die den Bericht erstellt haben, legen nahe, dass eine Veränderung in der Zeit zwischen den Herzschlägen auf einen gesunden Entspannungsmodus hindeutet – der wiederum einen möglichen biologischen Auslöser für die positiven Veränderungen darstellt, die eine langsame Atmung offenbar bewirkt. Eine Studie über langsames Atmen sieht diese Zunahme der Herzfrequenzvariabilität als ein Tor zu optimaler neuronaler und biologischer Funktion; einen Zustand »wacher Entspannung«.

Um all diese Studien zusammenzufassen: Einhergehend mit dieser gesunden Variabilität zwischen den Herzschlägen berichteten Menschen, die ihre Atmung verlangsamten, von einem Gefühl der Leichtigkeit und des Wohlbefindens. Sie seien entspannter und hätten mehr positive Energie sowie ein allgemeines Gefühl des Wohlbefindens. Zu solchen Ergebnissen kam es, wenn die Menschen ihre Atemzüge auf zehn pro Minute verlangsamten, auch wenn die Vorteile bei sechs Atemzügen pro Minute größer waren. Doch beide verlangsamten Atemfrequenzen hatten größere gesundheitliche Vorteile als die normale Atmung.

Die verlangsamte Atmung scheint auch eine deutliche Veränderung der Gehirnfunktion mit sich zu bringen. Studien mit

Elektroenzephalografie (EEG) ergaben, dass eine verlangsamte Atmung mit einem Anstieg synchronisierter Alphawellen einhergeht, was anzeigt, dass das Gehirn in einen Ruhezustand übergeht, wie ein Automotor im Leerlauf. Diese Veränderung des Gehirnzustands wurde in Verbindung gebracht mit geringerer Angst, Wut oder Verwirrung sowie einer Steigerung des Gefühls der Vitalität.

Es gibt zwar noch zu wenige Forschungsstudien, um dies mit Gewissheit behaupten zu können, doch scheint langsames Atmen unser Gehirn sowie unser Herz- und Atemsystem in eine »Entspannungsreaktion« zu versetzen; den Modus der Erholung, Wiederherstellung und entspannter Wachheit. Und genau das war es, was ich bei den kontemplativen Meistern spürte, denen ich während meiner Zeit in Indien begegnete – und was Tsoknyi Rinpoche mir zeigte, als ich an der roten Ampel in Delhi so nervös war.

VIER

SCHÖNE MONSTER

TSOKNYI RINPOCHE: DIE ERKLÄRUNG

Als kleines Kind in Nepal und dann ab meinem dreizehnten Lebensjahr in Indien wurde ich von tibetisch-buddhistischen Lamas unterwiesen – eine zutiefst privilegierte und nährende Art aufzuwachsen. Die materiellen Umstände waren damals ziemlich einfach, aber die menschliche Seite war sehr reich. Ich war von warmherzigen, freundlichen und brillanten Mentoren umgeben, zu denen ich in vielerlei Hinsicht aufblickte. Ihre Lehren waren nützliche Werkzeuge für den Umgang mit meinem Geist, meinem Leben und meiner Arbeit.

Als ich zum Teenager herangewachsen war, begann ich jedoch neuartige emotionale Muster und innere Kämpfe zu beobachten und zu erfahren. Ich befand mich in einem intensiven Studienprogramm, hatte spät angefangen und musste einiges aufholen. Ich studierte einen klassischen Text über gute und schlechte Gedanken und ihre fatalen Konsequenzen, der mir nahelegte, jeden Gedanken, der in meinem Kopf auftauchte, genau zu untersuchen.

Als ich das tat, fühlte ich mich von meinen Gedanken aber zunehmend gequält. Ich war entsetzt, so viele negative Gedanken zu bemerken, die ich nicht kontrollieren konnte! Mein Geist war angefüllt von einem Urteil nach dem anderen, einer betrüblichen Emotion nach der anderen. Ich war mir jedes einzelnen Gedankens bewusst und empfand immer mehr Bestürzung angesichts des negativen Karmas, das ich anzusammeln glaubte. Außerdem verurteilte ich mich selbst scharf dafür, dass ich diese negativen Gedanken und Gefühle überhaupt hatte, und fühlte mich in einer negativen Rückkopplungsschleife gefangen. Ich wurde unausgeglichen und ein wenig neurotisch. Das war eine sehr unangenehme Situation, die monatelang anhielt.

Glücklicherweise konnte ich nach dem Ende des Schuljahres zu meiner Familie zurückreisen und erhielt Unterweisungen von meinem Vater, die mir halfen, aus dieser Lage herauszukommen. Diese Erfahrung lehrte mich einige wertvolle Lektionen. Ich erkannte, dass Achtsamkeit auch in die Irre führen kann! Ich betrachtete jeden Gedanken achtsam, wusste aber nicht, was ich damit anfangen sollte. Nur zu bemerken – nur achtsam zu sein – ist nicht genug. Es ist gut, aber wir brauchen mehr. Achtsamkeit ist ein mächtiges Werkzeug, aber sie muss mit anderen Qualitäten ergänzt werden, um eine ausgleichende Wirkung zu haben; um zu einem wirklichen Weg zu werden. Ich lernte zum Beispiel, dass wir Liebende Güte, Geduld, Einsicht und Integrität brauchen. Ohne diese Eigenschaften könnte man Achtsamkeit für alles Mögliche benutzen, etwa um ein besserer Lügner oder ein besserer Manipulator zu werden, oder sogar um anderen Menschen zu schaden. Achtsamkeit gegenüber Gedanken und Gefühlen ist ein guter erster Schritt auf dem Weg, aber ohne ein gewisses Maß an Technik, Einsicht und Perspektive gibt es keine Garantie dafür, dass wir geschickt damit arbeiten können.

Später, als älterer Teenager und junger Mann, war ich zudem mit massiven Belastungen und Erwartungen konfrontiert. An uns Mönchslamas wurden fast unmöglich hohe Anforderungen gestellt. Wenn wir sie alle als *unabänderlich* annahmen, was bei vielen von uns der Fall war, reichte das fast aus, um uns zu einem angespannten Klumpen erstarren zu lassen. Von uns wurde erwartet, dass wir uns so gut wie perfekt verhielten, wie ein idealisierter

Held aus den Lebensgeschichten unserer Vorgänger, die oft der Welt entsagt und die in vormodernen Zeiten gelebt hatten. Man erwartete von uns, praktisch keine persönlichen Bedürfnisse zu haben und dennoch große Verantwortung zu übernehmen, sobald wir unsere Schulung im späten Teenageralter oder in den frühen Zwanzigern abgeschlossen hatten. Es waren komplexe und manchmal widersprüchliche Erwartungen. Zum Beispiel erwartete man von uns, als fähige Manager und Spendensammler für unsere Klöster und Nonnenklöster zu fungieren und trotzdem nicht »weltlich« zu sein. Ich musste mit diesem Druck arbeiten und einen Weg finden, mit alldem zurechtzukommen – meinen Verantwortlichkeiten gerecht zu werden und dennoch irgendwie natürlich, entspannt und frei zu sein; alles Qualitäten, die für die Praxis der Lehre meiner Linie wesentlich sind.

Als ich als junger Erwachsener zu reisen und zu lehren begann, waren die Menschen, die ich traf, mit anderen kulturellen und erzieherischen Bedingungen aufgewachsen, als wir Tibeter es gewohnt waren. Ich erkannte, dass ich, um ein effektiver Meditationslehrer zu sein und Menschen aus anderen Kulturen als meiner eigenen helfen zu können, ihre besonderen emotionalen und psychologischen Muster kennenlernen musste. Ich suchte mir also Menschen, mit denen ich reden und von denen ich lernen konnte, insbesondere Praktiker der westlichen Psychologie und Psychotherapie; denn ich wollte wissen, wie sie ihre Muster verstanden und wie sie mit ihnen arbeiteten.

Eine inzwischen langjährige Freundin, von der ich viel gelernt habe, ist wie erwähnt die Psychotherapeutin Tara Bennett-Goleman. Wir sprachen bei vielen Gelegenheiten stundenlang über psychologische Schemata – emotionale Muster –, darüber, wie sie entstehen und wie sie geheilt werden können. Ich forderte Tara in Bezug auf bestimmte Überzeugungen heraus, und sie forderte mich ihrerseits gleich wieder heraus. In diesen Gesprächen wurde mir klar, dass einige der Erkenntnisse der modernen Psychotherapie unser traditionelles buddhistisches Verständnis von emotionalen Mustern, Verletzungen und Heilung ergänzen können. Ich beschrieb ihr zum Beispiel bestimmte tibetische Sichtweisen von Emotionen und wie man mit ihnen arbeiten kann. Sie erkannte diese Sichtweisen und Techniken als gültig an, äußerte jedoch ihre Besorgnis angesichts der Sensibilität und Verletztheit, die viele moderne Menschen in sich spüren. Sie versuchte mich davon zu überzeugen, dass Verletztheit eine große Herausforderung darstellen kann und besonderer Sanftheit bedarf, um sie zu heilen. Zuerst war ich unsicher; aber allmählich schätzte ich ihre Ideen mehr und mehr und begann einige der emotionalen Hindernisse zu erkennen, die der spirituellen Praxis meiner Schüler im Weg standen.

Traditionell sprechen wir Tibeter von karmischen Samen und zeitlichen Bedingungen, die unsere Erfahrung mit all ihren Höhen und Tiefen prägen. Karmische Samen sind Eindrücke, die durch physische, verbale und mentale Handlungen in unserem Geist hinterlassen werden. Sie werden in unserem Bewusstsein gespeichert und reifen zu verschiedenen Erfahrungen heran, wenn die passenden Ursachen und Bedingungen zusammenkommen. Das ist so weit richtig, aber Therapeuten beschreiben die Entwicklung von Beziehungen und die emotionale Entwicklung von der Kindheit an sehr detailliert und mit vielen Nuancen. Ich begann zu erkennen, dass die Muster vieler Menschen sie von ihrer eigenen Gefühlswelt abschneiden, während andere, die mehr damit in Kontakt sind, in dieser Hinsicht bestenfalls eine angespannte Beziehung spüren. Der Geist urteilt so oft und versucht die Gefühlswelt zu kontrollieren. Schemata, Muster, Beziehungsverletzungen, Traumata – solche Konzepte halfen mir, mein Verständnis für unsere Gefühlswelten zu verfeinern, und sie halfen mir auch dabei, traditionelle Meditationstechniken so anzupassen, dass sie für heutige Praktizierende relevanter werden.

Als ich als Teenager das Problem mit den negativen Gedanken hatte, ging es nicht nur um Gedanken, sondern auch um ein tieferes Problem in meinem Gefühlsleben. Damals beschäftigte ich mich hauptsächlich über den Verstand damit und arbeitete nicht mit den darunterliegenden Gefühlen. Ich hatte kein gutes Verständnis von der Gefühlswelt und davon, wie sie funktioniert; wie derart viele Gedanken ihre Wurzeln in ihr haben können. Die Unterweisungen, die Liebe und die Fürsorge meines Vaters, Tulku Urgyen Rinpoche, hatten mir geholfen, aus meinem Teenager-Dilemma herauszukommen. Doch später, in den Gesprächen mit Tara, wurde mir klar, dass zwar viele von uns große Probleme mit Gedanken haben, die Wurzel aber oft in der Welt der Gefühle liegt, um die man sich nicht gut genug kümmert. Ich lernte eine Sprache, um über jenen Bereich unserer Erfahrung sprechen zu können, in dem Gedanken und Gefühle aufeinandertreffen.

Es ist also an der Zeit, in diesem Kapitel über unsere Probleme zu sprechen. Es ist Zeit, realistischer zu werden. Jeder Mensch hat Probleme. Wenn jemand nicht leidet, stimmt mit demjenigem etwas nicht. Ich traf ein paar Leute, die behaupteten, keinerlei emotionale Probleme zu haben, aber für mich waren sie einfach gefühllos. Denn *wir alle* haben ein paar blaue Flecken oder Kratzer aus unseren frühen Jahren. Manche unserer Probleme können wir als »verletzte Liebe« bezeichnen: Wir haben nicht den Respekt und die Liebe erhalten, die wir unserer Meinung nach gebraucht hätten. Vielleicht war die Liebe, die uns entgegengebracht wurde, an Bedingungen geknüpft und wurde nur gewährt, wenn wir ein braves Kind waren. Vielleicht haben wir sogar begonnen zu glauben, dass wir der Liebe nicht würdig sind. Solche Erfahrungen beeinflussen uns. Sie wirken sich auf unsere Beziehungen zu anderen und auf unsere Beziehung zu uns selbst aus. Sie können zu Widerstands- und Reaktionsmustern führen, die es uns erschweren, uns in unserem warmen Herzen verankert zu fühlen und auf gesunde Weise mit uns selbst und anderen präsent zu sein. Natürlich gibt es noch andere Probleme: alle Arten von Ängsten, Depressionen, neurotischem Denken und Urteilen.

Rohe, unbearbeitete Gefühle und Emotionen können überwältigend, beängstigend und mächtig sein; wir fürchten, die Kontrolle zu verlieren. Deshalb unterdrücken wir sie oft, verstecken uns oder laufen vor ihnen davon. In mancher Hinsicht können solche Strategien sinnvoll, praktisch und funktional sein: Nur selten kann eine geschäftliche Sitzung unterbrochen werden, damit wir zwanzig Minuten mit geschlossenen Augen verbringen, subtile empfindliche Stellen spüren und leise weinen können. Unterdrücken oder Ignorieren sind Bewältigungsstrategien, die uns helfen können, mit einer herausfordernden Situation umzugehen. Wenn wir unsere schwierigen Gefühle ignorieren, kann unser Verstand mit der Planung und Ausführung von Aufgaben beschäftigt bleiben. Wir hoffen, dass die Gefühle mit der Zeit einfach verschwinden; oder wenn sie das nicht tun, sagen wir uns, dass wir uns später mit ihnen auseinandersetzen werden. Aber solche Strategien sind nur kurzfristige Lösungen – und wenn wir dann Zeit haben, uns zu entspannen, haben wir keine Lust, uns mit unseren Problemen zu befassen; also lenken wir uns erneut auf unzählige Arten ab und betäuben uns.

Aber auch wenn unsere Probleme unter den Teppich gekehrt bleiben, so beeinflussen sie uns doch immer noch. Bestimmte Situationen und Beziehungen rufen sie immer wieder wach, und wir müssen ständig Energie investieren, um sie zu unterdrücken oder vor ihnen wegzulaufen. Wenn wir es vermeiden, uns unseren schwierigen Gefühlen zu stellen, kann dies zu einer ungesunden Beziehung zwischen unserem Verstand und unserer Gefühlswelt führen. Viele Menschen stumpfen einfach langsam ab. Für andere kann der Verstand so etwas wie ein kontrollierender, urteilender Boss werden und ihre Gefühle wie wütende, verletzte Teenager, die um sich schlagen.

Mit der Zeit kann dann etwas Trauriges passieren: Unser angeborenes Geburtsrecht – ein natürliches Wohlbefinden auf der Gefühlsebene, ein Sich-ohne-Grund-gut-Fühlen – kann verdeckt werden. Statt diesen Funken von Würde, den ich »essenzielle Liebe« nenne, zu spüren, können wir eine Hohlheit empfinden. Wenn sich unter unserer Gefühlswelt eine Leere auftut, widmen wir uns unbewusst dem Füllen dieser Leere. Vieles von dem, was wir tun – von unseren spirituellen Praktiken über unsere Routinen der Selbstfürsorge bis hin zu unseren Beziehungen –, kann von einer heimlichen Absicht, die Leere zu füllen, eingefärbt werden.

Authentische und verzerrte relative Erfahrung

Die *relative* Wahrheit ist alles, was wir normalerweise erleben: alle wechselnden Inhalte unserer Erfahrung; alle unsere Vorstellungen und Wahrnehmungen und emotionalen Muster; alle unsere Schmerzen und Genüsse, Freuden und Kämpfe; jede Verletzung und jede Heilung. Wir nennen diese Wahrheit relativ, weil sie immer von aufeinander einwirkenden Bedingungen abhängig ist und wir sie auf viele Arten zerlegen, analysieren und interpretieren können.

Wenn wir zum Beispiel sagen: »Du hast meine Gefühle verletzt«, ist das auf der oberflächlichen Ebene in Ordnung. Es ist etwas, das wir üblicherweise sagen und das für viele von uns etwas Ähnliches bedeutet – also ist es funktional. Aber wenn wir tiefer blicken, werden die Dinge komplexer. Tatsächlich mussten viele Ursachen und Bedingungen zusammenkommen, damit meine Gefühle verletzt wurden. Ich mag vermutet haben, dass du mich mit Absicht verletzt hast; etwas in meiner Vergangenheit mag mich dazu prädisponiert haben, eine solche Verletzung zu empfinden; die Art unserer Beziehung kann Erwartungen geweckt haben; vielleicht habe ich etwas missverstanden, das du gesagt oder getan hast; ich habe vielleicht auf eine Art und Weise reagiert, die maßgeblich dazu beigetragen hat, dass ich mich verletzt fühlte – und so weiter. Obwohl es also tatsächlich zu »verletzten Gefühlen« gekommen ist, ist die feste, ungeprüfte Überzeugung »Du hast meine Gefühle verletzt« nur oberflächlich betrachtet wahr.

Die relative Wahrheit hat zwei Ebenen: die *funktionale, authentische* relative Wahrheit und die *verzerrte, trügerische* relative Wahrnehmung. Dies ist eine wichtige Unterscheidung. Unser Hauptaugenmerk liegt hier auf der Heilung der verzerrten Wahrnehmung hin zu einer gesunden Wahrnehmung. Wir alle haben unterschiedliche Programme, manche gesund, manche nicht so gesund. Viele Menschen kämpfen zum Beispiel mit dem Muster, sich selbst als unwürdig zu betrachten. Dies ist ein verzerrtes Programm, denn niemand ist grundsätzlich unwürdig. Dennoch kann dieses Programm durch viele Situationen und in allen Arten von Beziehungen ausgelöst werden und uns dazu bringen, auf eine ungesunde Weise zu fühlen und zu denken. Dies ist etwas, das sich hin zu einer gesunden relativen Wahrheit ändern und heilen lässt.

Traditionell sprechen wir von *karmischen* Gewohnheitsmustern und *erlernten* Gewohnheitsmustern. Karmische Muster sind Prägungen, die tief im Bewusstsein verankert sind: etwa die Kerntendenzen, an eine solide Ich-Empfindung zu glauben, sowie Emotionen wie Leidenschaft, Aggression, Eifersucht und Stolz. Wir gehen davon aus, dass diese karmischen Samen oder Prägungen von Leben zu Leben weitergegeben werden. Aber ganz gleich, ob Sie das nun glauben oder nicht: Es ist gut zu verstehen, dass diese Muster hartnäckig und unbewusst sind.

Erlernte Gewohnheitsmuster sind etwas, das wir von Kindheit an in diesem Leben ansammeln. Sie ergeben sich aus unseren prägenden sozialen und emotionalen Erfahrungen, unseren Beziehungen zu unseren Verwandten, Freunden und Lehrern, zu Hause und in der Schule. Sie führen zu verinnerlichten Überzeugungen über uns selbst und andere sowie zu Verhaltensmustern wie Widerstand und Reaktion auf bestimmte Situationen und Emotionen. Die Arbeit mit Überzeugungen kann schwierig sein, weil unbewusste Einstellungen ganz besonders hartnäckig sind: »Es ist schändlich, wütend zu sein.« – »In meiner Kindheit war es inakzeptabel, Wut zu zeigen.« – »Ich habe gelernt, dass Männer ihre Gefühle nicht zeigen und nie weinen.« – »Ich wurde in dem Glauben erzogen, dass Gefühle zu zeigen ein Zeichen von Schwäche ist.«

Schöne Monster

Wir alle haben einige Probleme, herausfordernde emotionale Muster, die unser Leben und unsere Beziehungen erschweren. Das kann das Gefühl von Unwürdigkeit sein oder eine bestimmte Art von Angst oder Selbstgerechtigkeit oder Neid oder eine Art von irrationaler Wut; es gibt viele Möglichkeiten. Oft schämen wir uns für unsere Probleme und fühlen uns von ihnen irritiert. Wir wehren uns gegen sie und reagieren auf sie; manchmal hassen wir sie. Meistens wünschen wir uns einfach, sie würden verschwinden. Ich nenne sie gern »schöne Monster«.

Schöne Monster sind Reaktionsmuster, die mehr oder weniger verzerrt sind. Wenn wir uns beispielsweise als Kind unterbewertet oder nicht ausreichend gewürdigt gefühlt haben, reagieren wir als Erwachsene vielleicht übermäßig auf gewöhnliche Kritik oder Tadel. Diese Überreaktion ist ein schönes Monster.

Beide Teile des Ausdrucks »schöne Monster« sind wichtig. Wenn wir unsere emotionalen Muster nur als Monster betrachten, verfestigen wir unsere Abneigung und unseren Hass gegen sie; dabei sind sie in Wirklichkeit nur Teile unseres eigenen Geistes. Wenn wir sie jedoch nur als »schön« betrachten, leugnen wir das zerstörerische Potenzial, das sie haben, sowie das Leid, das sie verursachen können. Es ist wichtig zu verstehen, dass sie sowohl Monster sind als auch Schönheit besitzen. Wobei es bei den schönen Monstern zwei Arten von Schönheit gibt: Die erste liegt in ihrer eigenen Natur. Ganz gleich, wie monströs ein Gefühl erscheinen mag, sein tiefes, zugrunde liegendes Wesen ist ganz anders. So wie das Rohmaterial von vollfarbigen Drei-D-Bildern, die auf einen Bildschirm projiziert werden, reines Licht ist, so ist das zugrunde liegende Rohmaterial unserer schönen Monster Offenheit, Klarheit und Energie. Schöne Monster besitzen also *diese* Schönheit. Die zweite ist, dass schöne Monster zunächst als hässlich erscheinen, aber wenn wir sie heilen, werden sie schön.

Wenn wir etwas in uns heilen, verstehen wir diese Dynamik nicht nur in uns selbst, sondern auch in jedem, der diese Art von Wunde mit uns gemeinsam hat. Viele große Wesen haben etwas in sich geheilt und sind dann sehr weise geworden und haben vielen Menschen geholfen. Wenn Sie zehn schöne Monster haben und eine andere Person hat zwei, und wenn Sie beide nun diese Monster heilen, wer besitzt dann mehr Fähigkeiten? Natürlich Sie mit Ihren zehn schönen Monstern! Sie werden viel mehr Verständnis besitzen, und Ihre Fähigkeit zu helfen wird größer sein. Aber viele Menschen heilen nicht; sie leben einfach ihr ganzes Leben lang mit ihren schönen Monstern und leiden an ihnen.

Schöne Monster entstehen auf unterschiedliche Weise: Manchmal entwickeln wir Gewohnheiten aufgrund schwieriger Beziehungen; manchmal werden Tendenzen durch die Umstände hervorgerufen; manchmal führt wiederholter Stress dazu, dass wir reaktive Gewohnheiten entwickeln. Etwas, das einst hilfreich war – das uns zum Beispiel in einer unsicheren Umgebung geschützt hat –, kann zu einem schönen Monster werden, wenn es sich verhärtet und zur Gewohnheit wird. Wir hassen eine bestimmte Art von Person oder Situation auch dann noch, wenn wir gar nicht mehr in Gefahr sind.

Ich werde oft gefragt, ob *alle* Gefühle und Emotionen schöne Monster sind. Ich würde sagen: Nein. Normaler Zorn ist Teil der gesunden, authentischen relativen Wahrheit. Es gibt gesunden Zorn, gesunde Angst, gesundes Festhalten oder, wie es im Buddhismus heißt, Anhaften an etwas. Das sind *keine* schönen Monster. Schöne Monster entstehen, wenn unser Verstand und unsere Gefühle ungesund verzerrt sind und wir anfangen an ihre Version der relativen Wahrheit zu glauben. Wenn wir uns von ihnen gefangen nehmen lassen, werden sie zu der Brille, mit der wir die Welt und uns selbst anschauen. Wenn wir diese schönen Monster heilen, haben wir normale, gesunde Gefühle und Erfahrungen. Gesunde Menschen haben eine ganze Palette von Emotionen.

Schöne Monster sind wie Eis. Ihr Wesen ist wie Wasser. Wir müssen das Eis nicht zerstören, sondern es schmelzen; es in seinen natürlichen Zustand des Fließens versetzen. Wir alle wissen, dass Eis sowohl schön als auch unheimlich ist. Es kann scharfkantig und zerklüftet und sehr zerstörerisch sein. Aber selbst wenn es gefroren ist, ist es nichts anderes als Wasser. So ist es auch mit schönen Monstern. Sie sind »eingefrorene« Muster der Reaktion und des Widerstands. Wir suchen nach Wasser, aber stattdessen finden wir Eis. Dann vergessen wir, was das Eis wirklich ist, und versuchen es loszuwerden. Oder wir laufen vor dem Eis weg und finden Wasser – Frieden und Fluss – woanders. Es stellt sich also die Frage, wie wir das Eis schmelzen können. Es ist die Wärme unserer Freundlichkeit gegenüber unseren schönen Monstern in Form von Urteilslosigkeit! Das lässt das Eis anfangen zu schmelzen!

Die Methode

Bitte beachten Sie: Wenn Sie in der Vergangenheit ein Trauma erlebt haben, können diese Praktiken der radikalen Widerstandslosigkeit sehr intensiv sein. Bitte benutzen Sie Ihren gesunden Menschenverstand, um einzuschätzen, wie viel Sie vernünftigerweise ertragen können. Probieren Sie diese Praxis nur für sehr kurze Zeiträume *aus und suchen Sie sich ein Basislager, einen sicheren Ort, an den Sie zwischen den Perioden des direkten Empfindens dieser Gefühle zurückkehren können. Diese Praxis des Händeschüttelns dient der Heilung und sollte nicht zu Retraumatisierung führen. Wenden Sie sich zur Unterstützung an einen Psychotherapeuten, wenn das hilfreich ist.*

Händeschütteln: Die Arbeit mit unseren schönen Monstern

Wie können wir unseren schönen Monstern mit Freundlichkeit statt mit Angst begegnen? Auf der Grundlage einiger traditioneller Meditationstechniken und meines Verständnisses von psychischen Verletzungen und psychologischen Heilungsmöglichkeiten habe ich etwas entwickelt, was ich die »Praxis des Händeschüttelns« nenne. Es ist keine Methode im üblichen Sinne, sondern eher eine innere Einstellung und eine Weise des Seins. Das Händeschütteln findet zwischen unserem Gewahrsein und unseren Gefühlen statt. Es ist eine Metapher für die Haltung, die wir einnehmen; dafür, wie wir unseren schönen Monstern begegnen können. Unser Verstand hat unsere Gefühle und Emotionen lange Zeit zurückgewiesen oder unterdrückt. Jetzt strecken wir einfach unsere Hand aus. Wir laufen nicht weg, wir kämpfen nicht, wir begegnen einander einfach. Die Praxis des Händeschüttelns besteht im Wesentlichen darin, dass wir dessen, was auch immer in uns ist – insbesondere unserer Gefühle –, völlig gewahr sind. Wenn diese Gefühle eine Geschichte zu erzählen haben, hören wir zu. Wie ich glaube, ist diese Praxis des Händeschüttelns in der heutigen Zeit sehr wichtig und hat das Potenzial, uns tief zu heilen.

Dies kann am besten dort geschehen, wo unser Gewahrsein unsere Gefühle *berührt*. Um zu heilen, müssen wir unsere Gefühle auf eine rohe und direkte Weise spüren. Dann können die Wunden und Muster des Widerstands sich langsam von innen heraus öffnen. Andernfalls mögen wir alle möglichen Arten von Heilungstechniken ausprobieren, aber sie können uns nicht wirklich öffnen. Um uns tatsächlich zu transformieren, müssen wir uns mit unseren Emotionen anfreunden.

Die Theorie hinter dem Händeschütteln zu verstehen hilft uns, weil sie uns erkennen lässt, warum wir an unseren verzerrten Überzeugungen und Einstellungen arbeiten müssen, um eine echte Transformation zu erreichen. Andernfalls können wir zwar vorübergehend Erleichterung erfahren, aber wir werden immer noch von denselben Annahmen und Überzeugungen ausgehen. (Zum Beispiel: *Ich bin nichts wert. Es ist eine Schande, wütend zu sein. Wenn ich Angst fühle, wird sie mich beherrschen, und ich werde zerbrechen.*) Aber nur über diese Ideen zu lesen und darüber nachzudenken wird nicht viel ändern. Wir müssen uns unseren schönen Monstern stellen. Sich ihnen zu stellen bedeutet, sie zu *fühlen*. Zu tatsächlicher Transformation kommt es hauptsächlich auf der Gefühlsebene. Wenn wir lernen, unsere schönen Monster ohne Widerstand und Reaktion zu erleben, können wir uns mit ihnen anfreunden. Dies bedeutet, sehr liebevoll und sehr freundlich zu ihnen zu sein. Wobei die Freundlichkeit darin besteht, nicht zu urteilen.

Händeschütteln bedeutet, ganz mit dem Gefühl zu sein. Es ist sehr einfach, diese Methode zu beschreiben, aber aus mehreren Gründen ist es gar nicht so leicht, sie in die Tat umzusetzen. Zunächst einmal ist unsere Einstellung oft die, dass diese schönen Monster eben doch einfach nur Monster sind und dass wir sie auslöschen, sie loswerden wollen. Ist das unser Hintergedanke, dann funktioniert das Händeschütteln nicht. Händeschütteln ist keine Reparatur, sondern Begegnung und Sein.

VERSUCHEN SIE FOLGENDES: Sitzen Sie für einige Minuten und lassen Sie sich in einem ruhigen, kontemplativen inneren Raum nieder. Betrachten Sie die Beziehung zwischen Ihrem Verstand und Ihrer Gefühlswelt. Wie fühlt sie sich an? Ist sie liebevoll und offen? Ist sie angespannt oder kritisch? Ist Ihre Gefühlswelt weitgehend gefühllos oder rau und dynamisch? Wie auch immer es Ihnen geht, seien Sie mit dem Gefühl und entspannen Sie sich für eine Weile.

Dann stellen Sie sich vor, dass das, was Sie in sich selbst fürchten – Stolz, Kritik, Zweifel –, zu Ihrem Freund wird. Stellen Sie sich vor, keine Angst vor Ihren Gefühlen und Emotionen zu haben.

Ein anderer Grund dafür, dass es uns schwerfallen kann, bei unseren Gefühlen zu sein, liegt darin, dass wir uns ein wenig vor unseren rohen Gefühlen und Emotionen fürchten. Das ist ganz normal. Aber genau deshalb brauchen wir auch etwas Mut, damit wir ihnen die Hand schütteln können. Wir müssen bereit sein, unsere Leiden zu fühlen und dabei auch einige Schläge einzustecken. Stellen Sie sich einen liebevollen Erwachsenen vor, der versucht, ein kleines Kind, das gerade einen Wutanfall hat, in die Arme zu nehmen. Das Kind schreit und tritt und schlägt, und jedes Mal, wenn wir ihm sanft unsere Hand reichen möchten, stößt es sie weg. Aber wir verstehen, dass es verärgert ist und dass es im Grunde schön und liebenswert ist, selbst in seinem völlig verdrehten Zustand. Wir bieten ihm immer wieder unsere Hand an, auch wenn es sie immer wieder zurückschlägt. Schließlich beruhigt sich das Kind und akzeptiert die offene Berührung der Liebe. Der Prozess des Händeschüttelns mit unseren schönen Monstern kann ähnlich sein. Unter der Oberfläche wollen die schönen Monster Freunde sein, und sie wollen frei sein.

VERSUCHEN SIE FOLGENDES: Stellen Sie sich wieder ein Kind vor, das wütend ist und um sich schlägt. Stellen Sie sich vor, dass Sie eine tiefe Liebe zu diesem Kind empfinden und bereit sind, es zu umsorgen, auch wenn es Sie eine Zeit lang zurückstößt. Dann stellen Sie sich vor, dass Sie sich selbst, Ihren eigenen schönen Monstern, die gleiche Haltung entgegenbringen.

Hindernisse für das Händeschütteln

Es gibt vier Haupthindernisse für das Händeschütteln: Unterdrücken, Ignorieren, Nachgeben und das sogenannte Antidotieren. Alle vier sind starke mentale Gewohnheiten; wahrscheinlich die üblichen Wege, durch die wir mit unseren Gefühlen und Emotionen umgehen. Es ist wichtig zu verstehen, dass Händeschütteln nichts von alledem ist.

Die meisten von uns sind ziemlich geübt im Unterdrücken. Ein unangenehmes Gefühl oder eine unangenehme Emotion taucht zu einem ungünstigen Zeitpunkt auf, und wir verdrängen sie sofort wieder oder kehren sie unter den Teppich. Dies mag für eine Weile funktionieren, aber das Unterdrücken kostet uns Energie, und das Gefühl oder die Emotion wird einen Weg finden, wieder aufzutauchen. Zum Beispiel könnten wir ein schönes Monster des Selbstzweifels oder der Unwürdigkeit haben. Wenn diese Gefühle auftauchen, lassen wir sie normalerweise nicht zu, wir hören ihnen nicht zu, sondern wir bewerten sie automatisch als schmerzlich und inakzeptabel und verdrängen sie in unser Unterbewusstsein.

Ignorieren ist eine weitere Strategie, mit der wir sehr vertraut sind. Wir laufen einfach weg; das heißt, wir lenken uns ab. Wohin laufen wir? Wir können uns positiv ablenken, zum Beispiel durch eine spirituelle Aktivität, oder aber wir überlassen uns unseren Gedankengängen oder schauen uns einfach nur Filme an. Das Problem ist, dass das Ignorieren unserer schönen Monster auf lange Sicht nicht zu ihrer Heilung beiträgt. Wenn wir sie ignorieren, könnten wir annehmen, dass sie verschwunden sind, aber das sind sie nicht. Wenn wir Gefühle der Unwürdigkeit ignorieren und uns in einer Fernsehsendung verlieren, können wir diese Gefühle nicht verarbeiten oder bewältigen; es ist nur ein vorübergehendes Trostpflaster.

Nachgeben ist eine andere Weise, auf die wir oft reagieren. Wenn wir durch Händeschütteln darauf verzichten, dem schönen Monster zu widerstehen oder es reparieren zu wollen, kann dies dem Nachgeben sehr ähneln, aber es ist etwas anderes. Beim Händeschütteln begegnen wir dem schönen Monster und bleiben bei ihm; während wir beim Nachgeben seiner Geschichte glauben, ihm folgen und uns von ihm beherrschen lassen. Gefühlen des Selbstzweifels nachzugeben bedeutet zum Beispiel, in einer Stimmung der Unsicherheit zu versinken und zuzulassen, dass die vertrauten Geschichten des Selbstzweifels unseren Geist beherrschen.

Und schließlich gibt es noch das Antidotieren, das heißt die Anwendung einer Methode oder eines Kommentars oder einer Sinngebung zur Lösung eines Problems. Oberflächlich betrachtet klingt das gut: Wir haben ein Problem oder eine schädliche Angewohnheit, also versuchen wir sie zu beheben, so wie wir unser Auto oder unser Fahrrad reparieren, wenn es kaputt ist. Antidotieren ist wie die Anwendung eines Gegengifts, indem man dem Gefühl der Unwürdigkeit ein neutralisierendes Gefühl oder einen neutralisierenden Gedanken überstülpt, damit es verschwindet. Händeschütteln aber bedeutet, das Gefühl direkt zu spüren, ohne zu versuchen, es zu beseitigen.

Ein weiteres Beispiel für das Antidotieren ist, mir selbst zu sagen, dass alles bestens sei, wenn ich in Wahrheit das Gefühl habe, dass die Dinge nicht okay sind. Händeschütteln bedeutet, das Gefühl des Inakzeptablen zu spüren und sich mit ihm anzufreunden. Antidotierung umfasst alle Arten von psychologischen und spirituellen Ansätzen. Aber Händeschütteln ist kein solches Gegenmittel. Wir versuchen nicht, etwas zu reparieren; wir treffen uns einfach mit unseren schönen Monstern, sind da und freunden uns mit ihnen an.

Im Buddhismus unterscheiden wir sogenannte nahe und ferne Feinde. Antidotieren ist ein *naher* Feind des Händeschüttelns, denn die beiden sind leicht zu verwechseln. Ein entfernter Feind ist ein offensichtlicher Feind, ein Feind, den wir vor Augen haben. Ein naher Feind dagegen ist heimtückisch. Er ist als Freund getarnt und ist uns so nah, dass wir ihn entweder gar nicht sehen können oder nicht wissen, dass er ein Feind ist. Genauso ist es auch beim Antidotieren. Angenommen, wir haben viele andere Herangehensweisen gegen unsere Selbstzweifel ausprobiert und sie haben alle nicht funktioniert. Nun hören wir vom Händeschütteln. Wir denken vielleicht: *Oh, das hört sich gut an; das ist eine subtile und sanfte Technik. Ich werde meinen schönen*

Monstern die Hand schütteln, und sie werden sich auflösen oder verschwinden! Wenn wir diese Einstellung haben, sind wir bereits ins Antidotieren abgerutscht, das unser Händeschütteln auf subtile Weise sabotiert.

Sind wir aber den Gefühlen begegnet, haben wir sie wirklich *gefühlt*, so können wir einfach mit ihnen sein. Reden Sie anfangs nicht, seien Sie einfach da. Sobald wir mit den Gefühlen sein können, wird sich etwas verändern, und unsere Gefühle und schönen Monster werden uns nach und nach vertrauen. Dieses Vertrauen wird sich entwickeln, weil wir sie nicht länger unterdrücken oder ignorieren. Wenn sie uns angreifen, *berühren* wir sie einfach; wir schlagen nicht zurück. Beim Händeschütteln wird der Kontakt mithilfe offener Liebe hergestellt. Das heißt, wenn die schönen Monster uns ihre Geschichten erzählen, hören wir zu. Daraufhin werden sie sich öffnen und schließlich eine Frage stellen.

Und dann können wir endlich ein Gespräch führen. Wir können unsere Weisheit kommunizieren und gute Argumente anführen. Wir können den schönen Monstern sagen: *Es ist echt, aber es ist nicht wahr.* Das Gefühl ist echt, aber die Botschaft ist nicht wahr. *Ja, du hast dich wirklich unwürdig gefühlt, aber du bist nicht unwürdig.* Der Verstand kann den Gefühlen eine Botschaft senden, weil wir ihr Vertrauen gewonnen haben. Die Gefühle können mit den schönen Monstern kommunizieren. Wenn das schöne Monster anfängt zu verstehen und zu fühlen: *Ich bin kein Monster,* dann kann Heilung geschehen. Solange wir das schöne Monster aber nicht mit Gewahrsein berühren, mit der Freundlichkeit der Urteilslosigkeit, ist es dem schönen Monster egal, was wir sagen. Wir haben schon immer auf diese Art und Weise mit ihm gesprochen, und es hat nicht geholfen. Was ist also jetzt anders? Anstatt das schöne Monster zu belehren, beginnen wir einfach, mit seinem rohen, unverstellten Gefühl zu sein. Das ist Freundlichkeit.

Am besten ist es, wenn sich das emotionale Zentrum des schönen Monsters transformiert. Wenn das nicht der Fall ist, können sich erst mal die umgebenden Gefühle transformieren, und dann wird sich schließlich auch das zentrale Gefühl transformieren. In unserer Gefühlswelt können Okay-Sein und Nicht-okay-Sein gleichzeitig existieren. Das Beste ist, wenn sich das Nicht-okay-Sein von selbst in Okay-Sein verwandelt. Aber manchmal kann sich eine kleine Ecke Ihres Herzens nicht okay fühlen, während die anderen Teile in Ordnung sind. Was tun Sie dann? Sie würdigen die Teile, die in Ordnung sind, aber Sie kümmern sich auch um den Teil, der sich nicht okay fühlt.

Schöne Ungeheuer sind zur Selbstbefreiung fähig; sie besitzen ihre eigene Weisheit. Was ist dann eigentlich *unsere* Aufgabe? Wir stören sie einfach nicht; wir führen sie nicht in die falsche Richtung, sondern lassen ihre eigene Natur zum Vorschein kommen. Wenn wir sie nicht unterdrücken, ignorieren oder versuchen, sie zu reparieren, dann respektieren wir sie. Dann kann Befreiung geschehen. Dieser Punkt ist, wie angedeutet, etwas heikel: Wenn wir zu viel über diese Selbstbefreiung wissen, mögen wir Erwartungen hegen. Erwartungen können unsere offene, einladende Haltung und damit unser Händeschütteln sabotieren. Der Wunsch, ein schönes Monster zu verändern, ist tatsächlich selbst ein schönes Monster. Wenn Sie dagegen den Gedanken hegen: *Das Händeschütteln gibt dem schönen Monster einfach die Gelegenheit, sich zu öffnen*, dann ergreifen Sie diesen Gedanken und schütteln ihm die Hand. Machen Sie das einige Male, dann werden diese Erwartungen nicht fortdauern.

Die vier Schritte des Händeschüttelns

Das Händeschütteln lässt unser Gewahrsein ohne Urteil und ohne Widerstand mit allem sein, was auch immer in unserer Gefühlswelt geschieht. Die entsprechende Praxis kann in vier Schritte unterteilt werden: Treffen, Sein, Warten und Kommunizieren. Die vorbereitende Übung ist das Fallenlassen, das wir im zweiten Kapitel gelernt haben. Aber nicht alle Dinge kann man einfach fallen lassen: Es gibt tiefere, beharrlichere Probleme, die mehr Aufmerksamkeit, mehr Dabeisein, mehr Warten, mehr Liebe benötigen. Wir sind in unserem Leben zu Experten des Vermeidens, Verdrängens, Nachgebens und Antidotierens geworden. Das sind schwer zu durchbrechende Gewohnheiten. Zwischen unserem Gewahrsein und unseren rohen, direkten Gefühlen können viele Schichten von Angst, Urteilen, Reaktivität und Widerstand liegen. Die Praxis des Händeschüttelns ist der Kurs, auf dem wir durch diese Schichten navigieren können. Wir lernen den Haupteingang zu unserer inneren Welt mit Würde zu durchschreiten, statt uns zu winden und darum herumzuschleichen.

Wenn Bergsteiger die Besteigung eines riesigen Gipfels wie den Mount Everest in Angriff nehmen, errichten sie eine Operationsbasis für ihren Aufstieg; einen Ort, zu dem sie bei Bedarf zurückkehren können, um mehr Kraft für die Besteigung zu sammeln. Wenn Sie nun das Händeschütteln praktizieren, bietet ihr Basislager Ihnen einen ruhigen Ort fernab von Emotionen, einen sicheren Ort, an den Sie sich zurückziehen können, wenn die Intensität zu groß wird. Das Basislager kann ein Punkt der Achtsamkeit sein, wie etwa neutrale Körperempfindungen (die Handflächen und Füße eignen sich gut dazu), einfach nur dem Atem zu folgen oder die sanfte Atemübung aus dem dritten Kapitel. Sie können all dies nach Bedarf von Zeit zu Zeit als Teil der Praxis des Händeschüttelns verwenden.

Vorbereitung: Fallenlassen

Beginnen Sie, indem Sie wie zuvor eine entspannte Haltung einnehmen, entweder im Sitzen oder im Liegen. Lassen Sie einige Minuten lang den denkenden Geist fallen und erden Sie Ihr Gewahrsein im Körper. Falls nützlich, verwenden Sie die Methode aus dem zweiten Kapitel: Heben Sie die Hände hoch, überlassen Sie sie der Schwerkraft und lassen Sie sie mit einem deftigen Klatschen und einem kräftigen Ausatmen auf die Oberschenkel fallen. Auf diese Weise passieren drei Dinge gleichzeitig: Der denkende Geist fällt ab, die Hände klatschen auf die Oberschenkel, und Sie atmen tief aus. Ruhen Sie dann einfach ohne irgendeine Absicht in Ihrem Körper.

Suchen Sie nicht nach einem bestimmten Zustand oder einem bestimmten Gefühl. Verbinden Sie sich einfach mit dem, was da ist, mit der Erfahrung des Körpers in der Gegenwart. Warm oder kühl, angenehm oder unangenehm, angespannt oder entspannt, kribbelnd oder taub: Was auch immer Sie fühlen, ist in Ordnung. Ruhen Sie dort eine Weile und wiederholen Sie dies mehrmals, bis Sie sich einigermaßen im Körper geerdet fühlen. Während Ihr Gewahrsein Ihren physischen Körper durchdringt, seien Sie einfach mit den Körperempfindungen, wie auch immer diese aussehen. Vielleicht ist eine Absicht aufgetaucht, zum Beispiel dass Sie eine besondere Erfahrung machen oder etwas vermeiden wollen. Lassen Sie alle Absichten sanft los. So kann das, was auf natürliche Weise auftauchen will, in Ihr Bewusstsein treten.

Schritt 1: Treffen

Jetzt lassen Sie zu, dass Ihr Gewahrsein sanft die Gefühlswelt durchdringt. Öffnen Sie es für Stimmungen, Gefühle und Emotionen. Haben Sie keinerlei Ziel, keinerlei Absicht im Sinn. Treffen Sie einfach nur das an, was immer an Gefühlen und Emotionen da sein mag. Suchen Sie nicht nach etwas Besonderem, etwas Angenehmem oder Sublimem; seien Sie einfach nur mit dem, was auftaucht. Wenn Sie sich miserabel fühlen, seien Sie damit. Wenn Sie sich ängstlich fühlen, seien Sie mit diesem Gefühl. Fühlen Sie sich erbost oder angespannt oder müde, dann seien Sie mit diesem Gefühl und entspannen Sie sich in das Gefühl hinein. Wenn Sie sich großartig, friedvoll und entspannt fühlen, seien Sie auch damit. Sollten Sie überhaupt nichts fühlen können, dann seien Sie mit dieser Taubheit oder mit diesem Frieden.

Gefühle und Emotionen kommen und gehen zu ihrer Zeit; wir müssen nicht danach Ausschau halten. Sie ändern sich ständig: mal angenehm, mal unangenehm und dann wieder angenehm. Statt mit jedem sich ändernden Gefühl zu ringen, *treffen* wir die Gefühle einfach und lassen alles, was auch immer kommt, ohne Absicht zu.

Fahren Sie fort, sich mithilfe dieser offenen, annehmenden Einstellung mit der Gefühlswelt zu verbinden. Wann immer die Absicht auftaucht, sich von etwas zu befreien oder an etwas festzuhalten, nehmen Sie das sanft zur Kenntnis und seien Sie damit. Worin auch immer das Hindernis oder die Kritik besteht, seien Sie dessen gewahr und seien Sie damit. Sie sind der Gastgeber eines Festmahls, stehen an der Tür und treffen alle Ihre Gefühle, die auftauchen. Wenn etwas Tieferes und Intensiveres auftaucht, könnte dies ein schönes Monster sein. Auch das ist gut.

Bei dieser Übung geht es darum, die Hand auszustrecken und Hallo zu sagen. Anfangs lassen wir nur die Gedanken kommen und gehen und versuchen mit unseren Gefühlen und Emotionen zu bleiben, aber später weiten wir das Händeschütteln dahin gehend aus, alles zu umfassen; auch Geschichten und innere Stimmen.

Schritt 2: Sein

> Hören Sie auf wegzuschauen. Hören Sie auf, sich zu verstecken. Wenden Sie sich den Dingen zu. Berühren Sie sie. Fühlen Sie sie. Hören Sie ihnen zu. Indem Sie diese Haltung einnehmen, erlauben Sie es dem rohen Gefühl aufzutauchen. Es gibt nichts Besonderes zu tun, außer damit zu sein.

Verdrängen Sie nicht, vermeiden Sie nicht, geben Sie nicht nach und wenden Sie kein Gegenmittel an. Wir haben diese Dinge schon viel zu lange getan. Es hat nicht viel geholfen. Es hat uns nicht zu einer gesunden Beziehung mit unseren Gefühlen verholfen. Also lassen Sie uns etwas anderes ausprobieren. Einfach sein. Sein heißt nicht reparieren. Wir neigen dazu zu denken, dass »Sein« bedeutet, *mit etwas* zu sein. Aber Sie können auch einfach nur sein, ohne ein Objekt. Einfach mit dem Sein selbst sein. Langsam können wir lernen, einfach mit dem Erfahrenden zu sein – ohne ein bestimmtes Objekt ganz natürlich im Sein selbst zu sein. *Seien* Sie einfach, und während Gedanken und Emotionen weiterhin auftauchen und sich verändern, bleibt auch die Stille des Seins.

Mit der Zeit braucht die ausgestreckte Hand kein Objekt mehr, das sie ergreifen kann. Die Hand selbst wird zum Ruhen, zur Stille.

Wenn sich diese Erfahrung organisch aus dem Händeschütteln entwickelt, ist das ein gutes Zeichen. Das Händeschütteln ist eine intime Form des Seins. Es ist etwas anderes als ein Beobachter, der sicherer und distanzierter ist. Wenn die schönen Monster kommen, ist diese Art des distanzierten Beobachtens aber keine große Hilfe, denn sie berührt die Gefühlswelt nicht auf die gleiche Weise wie das Händeschütteln. Seien Sie einfach mit jeglichem Rohmaterial, das auftaucht, ohne zu urteilen, und entspannen Sie sich.

Wenn ein wildes, verblendetes Gefühl bei Ihrem Festmahl auftaucht – *Ich will alles kurz und klein schlagen!* –, reichen Sie ihm die Hand. Das schöne Ungeheuer wird seine Hand zuerst nicht ebenfalls ausstrecken. Aber Sie sind freundlich und sind einfach da. Selbst wenn das schöne Monster Ihnen eine Ohrfeige oder einen Schlag versetzt, ist das okay. Nehmen Sie es an. Seien Sie bereit zu leiden. Die Aggressivität kommt daher, dass wir die Gefühle lange Zeit unterdrückt haben. Nehmen Sie also eine mutige Haltung ein: *Nun gut, ich bin bereit zu leiden.* Und wenn Sie sich dabei ertappen, dass Sie urteilen, treten Sie einen Schritt zurück und schütteln Sie die Hand des Urteilens. Wenn Sie eine Absicht bemerken, zum Beispiel den Wunsch, die Emotion möge verschwinden, schütteln Sie dieser Absicht die Hand. Wenn Sie eine Abneigung gegen die Emotion oder Ungeduld bemerken, schütteln Sie diesem Gefühl die Hand. Schütteln Sie weiter allem, was auch immer auftaucht, die Hand.

Wählen Sie einen radikalen Ansatz: Seien Sie ganz präsent mit Ihren Gefühlen und Emotionen; ohne Widerstand. Es ist fast ein Sich-Ergeben, ein Vertrauen auf die angeborene Weisheit der Emotionen. Dies ist ein großer Schritt. Er erfordert wirklich etwas Mumm, etwas Courage. Denn es ist nicht leicht, etwas zu fühlen, das wir bisher vermieden haben. Das kann sehr intensiv sein. Der Sprung in das unbekannte Wasser kann beängstigend sein. Aber wenn die Zeit reif ist, müssen Sie diesen Schritt wagen.

Wenn Sie das Gefühl haben, dass Sie sich zurückhalten, wenn Sie das Gefühl haben, dass Sie sich sträuben, reichen Sie dem schönen Monster Ihre Hand. Dies sieht manchmal tatsächlich fast wie Nachgeben aus, aber es ist kein Nachgeben. Wenn die Emotion sagt: *Ich kann das nicht ertragen,* dann müssen Sie es nicht glauben; fühlen Sie es einfach nur. Wenn das Gefühl sagt: *Ich will das zerstören,* dann fühlen Sie diese Emotion einfach nur, aber folgen Sie nicht diesem Befehl. Erlauben Sie Ihrem Gewahrsein, das Gefühl voll und ganz zu fühlen, ohne Widerstand, ohne Urteil. Dies ist die Praxis des Seins.

Schritt 3: Warten

Üben Sie sich weiter im Sein; lassen Sie sich etwas Zeit. Überstürzen Sie nichts. Es gibt nichts zu vollbringen. Sie schließen Freundschaft, und das braucht Zeit.

Sind Sie erst einmal fähig, einfach nur zu sein, dann bleiben Sie dabei und warten Sie. Warten ist auch Freundlichkeit, Mitgefühl. Üben Sie Geduld. Geduldig sein bedeutet hier nicht, eine Absicht zu haben wie: *Ich werde geduldig mit dir sein, bis du weggehst und mich in Ruhe lässt*. Eine solche Absicht zu haben kann die Praxis ins Abseits führen. Hier bedeutet Geduld: *Du kannst so lange bleiben, wie du willst. Es macht mir nichts mehr aus, ob du bleibst oder gehst. Wir sind jetzt Freunde.*

Diese Phase des Wartens ermöglicht es Ihnen, Ihr Händeschütteln zu verfeinern und sicherzustellen, dass Sie nichts überstürzen, denn dann würde diese Praxis durch Antidotieren sabotiert. Oder Sie könnten versuchen, Ihre schönen Monster zu belehren, bevor diese Ihnen vertrauen und bereit sind zuzuhören. Warten Sie einfach und entspannen Sie sich.

Es ist eine große Erleichterung, wenn Sie einfach nur Hallo sagen und die Gefühle fühlen. Sie bleiben sich selbst treu. Unterdrücken und Vermeiden kann dazu führen, dass Sie sich emotional nicht geerdet fühlen, als wären Sie nicht in Ihrer Gefühlswelt zentriert. Hallo zu sagen und zu fühlen, ohne zu urteilen, ist ein Geschenk. Es ist wie Weinen, wenn Ihr Herz von Traurigkeit überläuft, oder wie ein Nickerchen zu machen, wenn Sie müde sind, oder wie eine nahrhafte Mahlzeit zu essen, wenn Sie sich erschöpft und hungrig fühlen. Es ist, als würden Sie um eine Umarmung bitten, wenn Sie sich verletzt fühlen, und dann tatsächlich eine warme, feste Umarmung voller Unterstützung erhalten. Wir können uns selbst diese Art von Erleichterung und Unterstützung gewähren, aber wir müssen uns dem Schmerz zuwenden, nicht von ihm abwenden.

Schritt 4: Kommunizieren

Mit Ihren schönen Monstern sprechen

Sobald wir in der Lage sind, einfach nur mit unseren schönen Monstern zu sein, werden diese vielleicht beginnen mit uns warm zu werden und sich zu öffnen. Denn eigentlich wünschen sie sich ja, Freunde zu sein. Sie wollen frei sein. Vielleicht ist das der Punkt, an dem sie eine Frage stellen. Dann können wir tatsächlich kommunizieren. Wir sagen ihnen sanft: *Es ist echt, aber nicht wahr. Dein Gefühl ist echt. Dein Schmerz ist echt, aber die entsprechende Geschichte ist nicht wahr*. Und sie werden zuhören.

Wenn wir spüren, dass unsere Absicht, etwas zu reparieren oder etwas aufzulösen oder verschwinden zu lassen, weggefallen ist, bemerken wir vielleicht, dass sich etwas verändert. Wenn wir aufhören, die schönen Monster in Ordnung bringen zu wollen, wenn wir aufhören zu versuchen, sie verschwinden zu lassen, geschieht etwas Magisches und Unerwartetes. Die rohen Emotionen, das Feststecken oder die Taubheit: All das ist nicht so beängstigend, wie es scheint.

Dies ist der Moment, in dem wahre Heilung geschieht. Jetzt haben wir eine gesunde Beziehung zwischen unserem Verstand und den Gefühlen entwickelt, und jegliche Art der Kommunikation kann stattfinden; in beide Richtungen. Wir können unsere Weisheit und unser Verständnis mitteilen. Von ihrer Seite aus haben auch die schönen Monster ihre eigene Weisheit, und wir können von ihnen lernen.

Die Erfahrung des Händeschüttelns mit Selbstzweifeln kann uns zum Beispiel etwas über die unterbewusste Angst vor Erfolg und Aufblühen lehren. Sie kann uns großes Mitgefühl mit anderen lehren, die ebenfalls mit solch einem schönen Monster zu tun haben. Wenn wir uns mit unseren schönen Monstern angefreundet haben, haben wir keine Angst mehr vor uns selbst.

DANIEL GOLEMAN: DIE WISSENSCHAFT

Als Aaron Beck die Kognitive Verhaltenstherapie begründete, verlagerte er den therapeutischen Schwerpunkt auf die verzerrte Art und Weise, wie Menschen ihr Leben interpretieren. Meine Frau, Tara, hatte großen Einfluss auf die Integration von Achtsamkeit und Kognitiver Verhaltenstherapie. Wie Tsoknyi Rinpoche im ersten Kapitel erwähnte, gab sie ihm ihre Erkenntnisse weiter – und er integrierte diesen Ansatz zum Verständnis des menschlichen Geistes in sein Konzept der schönen Monster.

Als Tara ein Aufbaustudium bei Jeffrey Young, einem Protegé von Dr. Beck, absolvierte, nahm sie an einer Reihe intensiver Retreats mit Einsichtsmeditation teil. Während Becks Kognitive Therapie sich damals auf Hilfe für Menschen mit Depressionen und Angstzuständen konzentrierte, entwickelte Young die sogenannte Schematherapie, einen eher psychodynamischen Ansatz der Kognitiven Therapie, der häufige, aber beunruhigende emotionale Muster in den Mittelpunkt stellte – Schemata wie das Gefühl der emotionalen Deprivation oder die Angst vor dem Verlassenwerden, die zu verzerrtem Denken und emotionalen Überreaktionen führen.

Als Tara bei Young studierte, entwickelte er gerade sein Modell der emotionalen Muster, die wir früh im Leben erlernen und die unsere späteren Beziehungen belasten und dazu führen, dass wir immer wieder auf dieselbe Weise leiden. In seinem Schematherapie-Ansatz führte er nicht nur Erkenntnisse aus der Kognitiven Therapie, sondern auch aus der Gestalttherapie und der Bindungstheorie zusammen. Ein Schema besteht aus einer Reihe von Überzeugungen eines Menschen von sich selbst und der Welt sowie den damit verbundenen Gefühlen. Wenn dieses Paket von Gedanken und Gefühlen ausgelöst wird, handeln wir auf selbstschädigende Weise. Ein Beispiel: Das Schema »Verlassenwerden« wird immer dann ausgelöst, wenn eine Person das Gefühl hat, dass jemand, der ihr wichtig ist, sie nicht wertschätzt und sie deshalb verlassen wird, sodass sie von Traurigkeit und Panik ergriffen wird. Um sich vor dieser Panik zu schützen, kann sich die Person entweder an ihren Partner klammern oder die Beziehung präventiv beenden.

Tsoknyi Rinpoche hat uns im Laufe der Jahre oft besucht. Er war besonders an einer klinischen Perspektive auf Emotionen interessiert und führte intensive Gespräche mit Tara, die sich in ihrer therapeutischen Arbeit vor allem mit belastenden Emotionen im Allgemeinen befasste (und mit Schemata, wenn sie relevant waren). Ihr integrativer Ansatz sah sowohl östliche als auch westliche psychologische Perspektiven als Ansätze, die uns helfen können, uns selbst und andere klarer und mitfühlender zu sehen – und dadurch zu einem transformativen, einfühlsamen Bewusstsein zu kommen, das zu klugen Entscheidungen führt. Tara gab Rinpoche einen Überblick über dieses neue Verständnis der emotionalen Gewohnheiten, und die Themen dieser Gespräche flossen in Rinpoches Konzept der schönen Monster und der Praxis des Händeschüttelns ein. Hier einige der Erinnerungen von Tara an diese Begegnungen:

In einem unserer Gespräche über Psychologie, Dharma und Wissenschaft erzählte ich Tsoknyi Rinpoche von den emotionalen Mustern, die ich bei meinen Therapieklienten gesehen hatte.

Er wollte mehr darüber hören, befürchtete jedoch – vielleicht weil er so tief von den traditionellen buddhistischen Lehren durchdrungen war –, das Erkennen dieser Muster könnte dazu führen, dass die Menschen diese Muster noch mehr verfestigen. Ich versicherte ihm, dass es genau den gegenteiligen Effekt haben kann: dass die Anerkennung der eigenen Muster oder der Muster anderer den Menschen helfen kann, diese nicht so persönlich zu nehmen. Sie sehen sie dann eher als ein Muster, nicht als etwas Persönliches; dadurch verstärken sie nicht so sehr ihr Ego als vielmehr ihr Selbstvertrauen und ihr Verständnis und Mitgefühl.

Ich kann nicht behaupten, dass diese Perspektive das Verständnis der westlichen Psychotherapie von psychologischen Mustern widerspiegelt. Aber da ich nun mal einen Fuß in beiden Welten habe – der westlichen Welt und der Welt der buddhistischen Psychologie –, sehe ich sie so.

Ich erzählte ihm, dass ich eine Szene aus Der Zauberer von Oz *als Metapher verwende, die diese Perspektive veranschaulicht. In der Szene gelangen Dorothy und ihre Begleiter zum Schloss von Oz, und als sie die Empfangshalle des Zauberers betreten, sehen sie plötzlich ein riesiges bewegtes Bild eines Gesichts auf einem Bildschirm, und eine dröhnende Stimme verkündet: »Ich bin der große Oz!« Sie erschrecken und weichen zurück. Doch dann rennt Dorothys kleiner Hund Toto zu einem Vorhang. Dahinter hantiert ein alter Mann mit den Reglern einer Schalttafel und benutzt raffinierte Spezialeffekte, um die Gestalt des Zauberers und dessen* überwältigende *Stimme zu erzeugen. Er sagt zuerst: »Achtet nicht auf den Mann hinter dem Vorhang!«*

Aber als Dorothy und ihre Begleiter ihn zur Rede stellen, kommt er heraus und gibt zu, dass er nur vorgetäuscht hat, ein mächtiger Zauberer zu sein. Er ist nicht mehr so furchterregend, zeigt sein wahres Ich, entschuldigt sich und beginnt ihnen zu helfen. Obwohl er die Vogelscheuche, den Blechmann und den feigen Löwen jedoch davon zu überzeugen versucht, dass ihnen weder Verstand noch Herz noch Mut fehlt, sondern lediglich der Glaube an sich selbst, muss er jedem erst eine Scheinarznei verabreichen, damit sie wirklich überzeugt sind, dass sie die Eigenschaften besitzen, die sie während der bisherigen Handlung bereits gezeigt haben. Schließlich hilft der Alte noch Dorothy, nach Hause zurückzukehren.

So funktionieren diese emotionalen Muster! Sie brüllen laute, manchmal beängstigende Botschaften, und wir halten sie für wahr. Aber eine ehrliche Selbstbeobachtung wirkt wie ein innerer Toto, der den Vorhang zurückzieht und uns erlaubt, die Dinge so zu sehen, wie sie sind. Sie werden immer transparenter und verlieren schließlich ihre Macht.

Die Kognitive Therapie zielt darauf ab, verzerrte emotionale Muster in anpassungsfähigere Muster umzuwandeln. Tara fügte noch die Achtsamkeit hinzu. In ihrer Arbeit führt die Klärung von Verzerrungen durch Achtsamkeit dazu, dass wir diese Muster deutlicher sehen, so wie sie tatsächlich sind. Im Zentrum dieser emotionalen Gewohnheiten befindet sich ein beunruhigendes Gefühl; wobei uns der verzerrte Bewältigungsmechanismus des Schemas eines reicheren Lebens und einer heilsamen Beziehung berauben kann.

In *Emotionale Alchemie* beschrieb Tara zehn dieser emotionalen Muster (sie entwickelte später weitere in ihrem Buch *Mind Whispering: A New Map to Freedom from Self-Defeating Emotional Habits*) und erklärte sie Rinpoche, der meinte, dies könne ihm zu einem besseren Verständnis seiner westlichen Schüler verhelfen. Rinpoches große Fähigkeit, Gehörtes zu speichern (vielleicht von seiner Ausbildung als buddhistischer Gelehrter herrührend), zahlte sich aus, denn im Zuge der Arbeit an seinem eigenen System verstand er das der emotionalen Alchemie sehr schnell.

Zu der erwähnten Gruppe von zehn Mustern gehört die »Anfälligkeit für Verletzungen und Krankheiten«, wie Jeffrey Young es nannte. Dieses Schema kann als leichtes Unbehagen empfunden werden, aber im Extremfall zu intensiven Ängsten wie der Agoraphobie führen, bei der sich jemand davor fürchtet, sein Heim zu verlassen, weil er befürchtet, schwer verletzt zu werden oder zu sterben. Kurz gesagt: Die Person greift eine potenzielle (wenn auch extrem unwahrscheinliche) Möglichkeit auf und steigert sie zur Katastrophe. So eskaliert eine normale Angst dermaßen, dass sie außer Kontrolle gerät, wobei die Person sich nicht um die geringe Risikowahrscheinlichkeit kümmert, sondern sich sicher ist, dass die schrecklichen Dinge, die sie sich ausmalt, auf jeden Fall passieren werden. Das Ergebnis ist Panik und Lähmung. So weit die Kostenseite. Der emotionale *Gewinn* besteht darin, sich nicht dem gefürchteten noch tieferen Schrecken stellen zu müssen, der sich hinter dem Verletzlichkeitsmuster verbirgt.

Tara berichtet von einer Frau, deren Vater beinahe an einem Herzinfarkt starb, als sie vierzehn Jahre alt war, und der ihr sagte: »Du bist der einzige Grund, warum ich versuche zu leben.« Sie entwickelte die Angst, sein Leben hänge von ihr ab. So ergriff sie einen Beruf in der Gesundheitsfürsorge und wurde zu einem chronisch besorgten Menschen. Diesem emotionalen Muster blieb sie treu, indem sie oft kleine, kaum beunruhigende Dinge aufgriff und diese in ihrem Kopf zu ausgewachsenen Katastrophen aufblähte. Wenn etwa ihr Freund erwähnte, er habe leichtes Sodbrennen, machte sie sich Sorgen, auch er hätte in Wirklichkeit einen Herzinfarkt.

Die Wurzel solch einer chronischen Besorgnis ist gewöhnlich das Aufwachsen mit einem Elternteil, das die gleiche Tendenz hatte. Im Erwachsenenalter kann sich die Angst auf alles Mögliche beziehen – etwa wirtschaftliche Unsicherheit, die eigene Gesundheit oder die Sicherheit von Menschen, die einem wichtig sind. Diese intensive Besorgnis unterscheidet sich von der adaptiven Art, bei der die Sorge dazu führt, dass wir uns auf ein tatsächliches Risiko vorbereiten. Die Sorge wird zu einem Problem, stellt Tara in *Emotionale Alchemie* fest, wenn die Angst unverhältnismäßig übertrieben wird. Wobei ein Weg zur Heilung dieses Musters, wie sie sagt, darin bestehen kann, die Gedanken und Gefühle, die zu Panik führen, achtsam wahrzunehmen, übertriebene Ängste zu untersuchen und den Geist dazu zu trainieren, diese Gefühle und die Situation, die sie getriggert hat, klarerzusehen. Das heißt, wenn Sie Ihre ängstlichen Gedanken aufmerksam beobachten, können Sie sich dafür entscheiden, sich nicht von ihnen leiten zu lassen. Das ist der Beginn emotionaler Freiheit. Manches von dieser direkten, nicht reaktiven, achtsamen Präsenz mit solch tiefen Gefühlen kann man in Tsoknyi Rinpoches Methode des Händeschüttelns wiederfinden.

Eine der Varianten des Musters der Anfälligkeit für Verletzungen ist die soziale Phobie oder soziale Angst, bei der jemand befürchtet, ungerecht beurteilt oder auf andere Weise herabgesetzt zu werden. Menschen mit diesem psychischen Problem haben nicht nur Angst davor, zum Beispiel eine Rede in der Öffentlichkeit zu halten, sondern auch davor, Fremden zu begegnen oder ganz allgemein von anderen negativ beurteilt zu werden. Daher verdrehen sie ihr Leben so, dass sie Situationen vermeiden, in denen sie soziale Angst empfinden könnten.

Freiwillige mit sozialen Ängsten wurden im neurowissenschaftlichen Labor von Philippe Goldin an der University of California in Davis untersucht.[9] Goldin hat eine einzigartige Perspektive für die Untersuchung des Geistes und Gehirns: Bevor er als Postgraduierter an der Stanford-Universität klinische Psychologie und

Neurowissenschaften studierte, verbrachte er sechs Jahre in Nepal und Indien, wo er tibetisch-buddhistische Philosophie und Praktiken studierte. Er hat eine der wenigen wissenschaftlichen Studien darüber durchgeführt, auf welche Weise sich eine innere Haltung der Akzeptanz darauf auswirkt, wie wir auf unsere beunruhigenden emotionalen Gewohnheiten reagieren.

Goldin warb Freiwillige an, die unter sozialen Ängsten litten, und ließ sie an eine tatsächlich erfahrene Situation denken, in der sie akute Angst empfunden hatten. Dann sollten sie in ihren eigenen Worten aufschreiben, was genau passiert war und welche negativen Gedanken ihnen während des beunruhigenden Ereignisses durch den Kopf gegangen waren. Zu den häufigsten Gedanken gehörten: »Andere Leute könnten sehen, wie ängstlich ich war«, »Die Leute beurteilen mich immer« und »Ich schäme mich für meine Schüchternheit«. Jeder dieser Gedanken löste ein Durcheinander von negativen Gefühlen aus. Im Gehirn selbst lösen solche Gedanken den neuronalen Alarmschaltkreis für Angst aus. Goldins Team benutzte diese negativen Gedanken während eines Gehirnscans als Trigger und sah, wie der entsprechende Schaltkreis aufleuchtete, als er in Aktion trat.

Goldin ging noch einen Schritt weiter. Er trainierte eine Gruppe von Freiwilligen mit sozialen Ängsten darin, ihre Gedanken und Gefühle einfach nur zu beobachten und sie wahrzunehmen, anstatt auf sie zu reagieren, indem er sie anwies: »Vertrauen Sie einfach darauf, dass Sie Ihre Erfahrung von Augenblick zu Augenblick zulassen können. Beobachten Sie sie wie einen vorbeifließenden Strom, ohne in irgendeiner Weise auf diese Gedanken oder Gefühle zu reagieren.«

Forscher verwenden für diese nicht reaktive Haltung gegenüber unseren beunruhigenden Emotionen den Begriff Akzeptanz. Für den Psychotherapeuten Chris Gerner ist Akzeptanz ein wichtiger Bestandteil des Mitgefühls für uns selbst.[10] Er sieht mehrere Schritte in diesem Prozess, die eine Parallele zu Rinpoches Praxis des Händeschüttelns zu sein scheinen. Der Prozess beginnt mit Widerstand, der allgemeinen Tendenz, unangenehme Gefühle zu vermeiden. Aber im nächsten Schritt wenden wir uns unserem eigenen Unbehagen mit Interesse zu. Wenn es uns gelingt, bei diesen Gefühlen zu bleiben, beginnen wir mit dem Unbehagen einverstanden zu sein und werden fähig, die Gefühle kommen und gehen zu lassen, ohne darauf reagieren zu müssen. Schließlich kommt genau das, was Rinpoche das Händeschütteln nennt, bei dem wir uns mit den einst unangenehmen Gefühlen anfreunden.

Gehirnforscher – darunter auch Goldin – haben herausgefunden, dass die triggernden Gedanken und Gefühle umfangreiche Alarmschaltkreise aktivieren, darunter auch die Amygdala. Forschungen unter der Leitung von Hedy Kober in Yale zeigen jedoch, dass die innere Haltung, unsere Gefühle zu akzeptieren, die Reaktivität der Amygdala verringert, sodass es einfacher ist, sich auf Gefühle einzustimmen, ohne dass sie unser Denken und Handeln bestimmen. Akzeptanz, so fand sie heraus, macht auch körperliche Schmerzen leichter erträglich. Der Titel ihres Artikels über diese Erkenntnisse: »Let It Be«.[11] Ein guter Rat!

Philippe Goldins Forschung kam zu einem ähnlichen Ergebnis. Er fand heraus, dass Menschen mit sozialen Ängsten, die diesen auf akzeptierende, nicht reagierende Weise Aufmerksamkeit schenkten, ihre Ängste reduzierten. Es mag überraschen, dass die Ängste – genau wie die Amygdala-Reaktivität – ebenso stark abnahmen wie bei einer Vergleichsgruppe, deren soziale Ängste mit Kognitiver Therapie behandelt wurden.[12]

Die Kognitive Therapie, bei der eine Person ihre beängstigenden Gedanken hinterfragt, führte unter anderem zu einer Zunahme der Aktivität in Bereichen wie dem verbalen Kortex und anderen Schaltkreisen, die an solchen geistigen Aktivitaten beteiligt sind. Doch während der Ansatz der Akzeptanz keinen dieser Schaltkreise aktivierte, führten beide Interventionen zu einer ähnlichen Verringerung der Angst der Person.

Wie Goldin erklärte, »löst Akzeptanz die Ranken, die sich an die belasteten Gedanken heften«. Oder wie der Zen-Meister Shunryu Suzuki sagte: »Lassen Sie Ihre Vorder- und Hintertür offen. Lassen Sie die Gedanken kommen und gehen. Servieren Sie ihnen einfach keinen Tee.«

FÜNF

ESSENZIELLE LIEBE

TSOKNYI RINPOCHE: DIE ERKLÄRUNG

Um zu lehren, war ich vor einigen Jahren sehr viel unterwegs und fühlte mich ein wenig entwurzelt. Äußerlich ging es mir gut, und ich konnte meinen Pflichten nachkommen; aber innerlich fühlte ich eine Art Hohlheit. Während einer dieser langen Reisen befand ich mich in einem Hotelzimmer in Neu-Delhi, saß gerade faul auf meinem Bett und zappte durch die Kanäle des Fernsehers.

Plötzlich wurde meine Aufmerksamkeit von einem Fernsehbild geweckt, das einen gut aussehenden Mann und eine schöne Frau in eleganter, fließender Kleidung zeigte, die gelassen und selbstsicher eine Landstraße entlanggingen. Ihre Kleidung und das lange Haar der Frau wiegten sich in einer leichten Brise. Der Mann hatte sein Hemd nicht in die Hose gesteckt, er hatte es nicht ganz zugeknöpft, und man konnte vier Wülste seines Sixpacks erahnen. Die anderen lagen wohl unter seinem Hosenbund, aber man wusste, dass sie da waren. Ich griff an meinen Bauch und fühlte meinen Onepack. Im Gegensatz zu mir wirkte das Paar mühelos glücklich und selbstbewusst. Ich wünschte mir, was sie hatten. Unter einem Arm trugen sie einen eleganten silbernen Laptop. Es war eine Werbung für einen Sony-Vaio-Computer.

Ich schüttelte den Kopf und dachte: *Das ist wirklich lächerlich. Das ist doch nur eine Werbung, und das sind bloß Schauspieler.* Ich wusste, wie viele Einstellungen ein Filmteam braucht, um die perfekte Aufnahme zu machen. Ich wusste, dass die beiden darauf trainiert waren, eine bestimmte Emotion und eine bestimmte Stimmung zu vermitteln, um die Betrachter zu beeinflussen und ein erwünschtes Gefühl in ihnen hervorzurufen. Ich wechselte den Kanal und vergaß die Sache.

Aber dann war ich einige Wochen später in Singapur und sah denselben Werbespot, und wieder blieb ich für einige Augenblicke hängen. Der Wind wehte ihm ihr Haar ins Gesicht, aber das machte ihm nichts aus, denn er war so glücklich, so cool. Wieder schüttelte ich den Kopf und vergaß es.

Ein paar Wochen später hielt ich mich auf meiner Vortragsreise in Paris auf und sah die beiden auf einer riesigen Plakatwand. Sie hielten den Laptop und sahen sehr schick aus. Mein Blick wanderte zu etwas anderem.

Aber nachdem ich diese Plakatwand in Paris gesehen hatte, kam ich in New York an und kaufte mir einen Sony-Vaio-Computer. Zwei Wochen lang war ich ganz begeistert von diesem neuen Besitz. Er hob meine Stimmung, und ich vergaß irgendwie die Hohlheit. Ich hatte Spaß daran, mit dem Laptop zu spielen, und bewunderte sein elegantes Design. Ich fühlte mich ziemlich modern und cool, wenn ich ihn in ein Café mitnahm. Aber nach ein paar Wochen ließ die Wirkung nach. Ich begann meine fettigen Fingerabdrücke auf dem Bildschirm zu bemerken. So etwas hatten sie in der Werbung nicht erwähnt.

Dann war ich wieder in Europa, und der Stecker des Netzgeräts passte nicht in die Steckdosen. Ich musste einige Steckeradapter besorgen. Dies wurde in der Werbung ebenfalls nicht erwähnt. Einige Wochen später reiste ich auf das Hochplateau von Tibet, und der Computer stürzte ab. Offenbar hatte er die holprigen Straßen, den Staub und die Höhe nicht vertragen. Auch davon war nie die Rede gewesen.

Wohlbefinden unabhängig von den Umständen

Durch die Praxis des Händeschüttelns – die absichtslose Begegnung mit unserer Gefühlswelt auf eine direkte Art und Weise – erhaschen wir von Zeit zu Zeit einen Blick auf ein natürliches Wohlbefinden, das nicht von unseren Umständen abhängt. Wenn wir uns mit unseren schönen Monstern, Emotionen, Gefühlen, Stimmungen, Reaktionen und Widerständen anfreunden, beginnen wir, uns selbst tief und organisch zu heilen. Das Ergebnis dieses Prozesses ist die zunehmende Verfügbarkeit eines elementaren Wohlbefindens, das der Gefühlswelt zugrunde liegt. Ich nenne es gerne *essenzielle Liebe*.

Es ist nicht laut, auffällig oder dramatisch; es kündigt sich nicht mit Pauken und Trompeten an. Es ist leise und subtil. Wir sind einfach zufrieden, ohne besonderen Grund. Dieses Wohlbefinden ist wie eine subtile innere Wärme, die unter den wechselnden Gefühlen, Emotionen und Stimmungen liegt. Wir können es »Die wahre Heimat der Gefühlswelt« nennen. Aus tibetisch-buddhistischer Sicht ist dies die Eigenschaft von Bindu, den Energiesamen, die Teil des subtilen Körpers sind. Wir werden damit geboren. Gesunde Kinder spüren es als innere Freude, als Lebensfunken, als Verspieltheit, als Bereitschaft, Liebe zu geben und zu empfangen.

Wenn wir in der modernen Welt aufwachsen und es mit stressigen und konkurrenzbetonten schulischen, gesellschaftlichen und beruflichen Verhältnissen zu tun bekommen, kann unsere angeborene essenzielle Liebe durch Schichten von Stress, Selbstverurteilung, Hoffnung und Angst überdeckt werden. Aber auch wenn dieser innere Funke fast vollständig verdunkelt werden kann (zum Beispiel durch Depression, Burn-out und Angststörungen), ist er nie wirklich zerstört oder verloren. Wir können ihn oft nur nicht finden, können uns nicht mit ihm verbinden oder ihn erleben.

Durch die Praxis des Händeschüttelns beginnen wir uns wieder mit dieser essenziellen Liebe, die in uns wohnt, zu verbinden. Je mehr wir uns mit ihr verbinden und sie nähren, desto mehr können wir ihre Qualitäten spüren: das grundlegende Gefühl des Okay-Seins und seine Anzeichen: bedingungsloses Wohlbefinden; die Bereitschaft zu lieben; ein Funken Freude, Klarheit, Mut und Humor.

Die essenzielle Liebe ist wie ein leises Flüstern im Hintergrund unserer Gefühlswelt, das sanft sagt: »Ich bin okay. Ich weiß nicht, warum, aber ich bin okay.« Wir können es leicht übersehen, weil wir daran gewöhnt sind, nach lauteren, farbigeren Dingen wie Emotionen, Schmerz und Freude zu suchen. Essenzielle Liebe ist viel subtiler als die Begeisterung über eine neue Erfahrung, einen neuen Besitz oder eine neue Beziehung.

Essenzielle Liebe und bekundete Liebe

Es gibt einen wichtigen Unterschied zwischen dem, was ich essenzielle Liebe und was ich *bekundete* Liebe nenne. Bekundete Liebe ist nach außen gerichtet. Dazu gehören elterliche Liebe, romantische Liebe, Freundschaftsliebe, hingebungsvolle Liebe, Liebende Güte und so weiter. All das ist wunderbar und wertvoll für ein gesundes Leben, aber ich möchte hier die Aufmerksamkeit auf etwas Grundlegenderes lenken, das einen Schritt zurückliegt: das Rohmaterial, aus dem unsere Liebesbekundungen hervorgehen: die essenzielle Liebe. Hier wird Liebe geboren – die Bereitschaft, Liebe zu geben und zu empfangen. Wenn sie aus der essenziellen Liebe ausstrahlt, kann bekundete Liebe gesund sein. Daher glaube ich, dass die Verbindung mit der essenziellen Liebe und deren Pflege ein wichtiger Weg ist, nicht nur unser eigenes Glück in uns selbst zu steigern, sondern auch die Qualität unserer Beziehungen.

Dazu müssen wir auch zwischen essenzieller Liebe und Selbstliebe unterscheiden. Für mich klingt Selbstliebe wie eine Form von bekundeter Liebe, die auf uns selbst zurückgerichtet ist, so wie das Licht einer Taschenlampe, die auf die Person gerichtet ist, die sie hält. Selbstliebe hört sich so an, als könnte sie sehr gesund sein, wie ein beruhigender Balsam, ein Gegenmittel gegen Selbstverurteilung, Selbstbeschuldigung und Selbsthass. Sicherlich ist es viel besser, sich in der eigenen Haut wohlzufühlen, als sich selbst unbarmherzig zu verurteilen. In der spirituellen und der säkularen Welt scheint es zahlreiche Lehren über den Wert von Selbstliebe zu geben. Ich vermute, dass man mit der Idee der Selbstliebe eine Vielzahl von Bedeutungen verbinden kann, und einige davon mögen sich mit dem überschneiden, was ich hier zu sagen versuche.

Die Qualität der essenziellen Liebe ist jedoch nicht ganz dasselbe. Sie ist richtungslos wie ein natürliches Feld bedingungslosen Wohlbefindens innerhalb unserer Gefühlswelt. Sie ist auf niemanden gerichtet, nicht einmal auf uns selbst. Sie ist nicht der Verstand, der einen positiven Gedanken oder ein positives Gefühl in Hinsicht auf unser Selbstgefühl oder das Bild unseres Körpers erzeugt. Wir erzeugen sie nicht und richten sie nirgendwohin. Essenzielle Liebe ist bereits in uns, von Geburt an. Wir können sie wahrnehmen und nähren; und dann kann sie von innen heraus überfließen. Sich mit der essenziellen Liebe zu verbinden ist nicht etwa ein Gegenmittel gegen Selbstverurteilung, sondern heilt eher ein Gefühl der inneren Leere.

Das Gegenteil essenzieller Liebe ist innere Leere

Kommen wir noch einmal auf die Werbung für den Sony Vaio zurück. Das viele Reisen hatte dazu geführt, dass ich durch die Fernsehkanäle zappte, bis ich auf diese verführerische Werbung stieß. Innerlich war meine essenzielle Liebe irgendwie blockiert. Vermögen wir uns nicht mit unserer ureigenen essenziellen

Liebe zu verbinden, können wir uns innerlich hohl fühlen. Wenn wir dagegen mit ihr in Kontakt sind, löst sich die Leere in Wohlbefinden auf, in eine subtile Wärme. Dann kann auch unsere bekundete Liebe viel weniger bedingt sein, denn wir gehen von einem gesünderen Ort des Okay-Seins tief in uns selbst aus.

Können wir uns nicht mit der essenziellen Liebe verbinden, so haben wir anstelle des Wohlbefindens das Gefühl, dass etwas tief in unserem Wesen nicht okay ist. Anstelle von Wohlbefinden haben wir das Gefühl, emotional unausgeglichen und hungrig zu sein. Wir wollen diese Leere, die unter unserer Gefühlswelt liegt, irgendwie füllen. Viele unserer Verhaltensweisen können durch diesen Wunsch bewusst oder unbewusst motiviert sein. Er ist so etwas wie eine geheime Agenda, die in unserem Leben wirkt. Wir versuchen diese Leere zu füllen, indem wir Dinge konsumieren, besitzen und eine befriedigende Erfahrung nach der anderen machen – wie es mir mit dem Sony-Vaio-Laptop passiert ist.

Innere Leere und moderne Konsumkultur sind eine gefährliche Kombination. Die Werbetreibenden sind schlau und zielen mit falschen Versprechungen auf die innere Leere ab, wodurch ein ständiger Kreislauf von Hoffnung und Angst getriggert wird. »Fühlen Sie sich innerlich leer? Wenn Sie dieses Ding kaufen, werden Sie glücklich sein. Wenn Sie es nicht besitzen, werden Sie sich weiterhin schlecht fühlen.« Wenn wir den Kontakt zur essenziellen Liebe verloren haben, können wir diese Botschaften unbewusst verinnerlichen, und unser Konsum kann zwanghaft werden. In extremen Fällen mögen wir in einer Abwärtsspirale gefangen sein: süchtig nach selbstzerstörerischen Substanzen und Verhaltensweisen.

Auch unsere Beziehungen können durch eine verborgene Absicht, die Leere zu füllen, vergiftet werden. Empfinden wir Hohlheit anstelle von essenzieller Liebe, kann unsere Bekundung von Liebe zum Teil durch ein Gefühl des Mangels motiviert sein, durch den Wunsch, die Hohlheit zu füllen. Wie wir unsere Liebe bekunden, ist dann womöglich recht bedingt. Es mag nicht explizit sein; wir sind uns dessen vielleicht nicht einmal voll bewusst. In der Praxis kann unser Verhalten jedoch eine Bedingung vermitteln: *Ich schenke dir meine Liebe, wenn du X, Y und Z* für mich tust, *sodass ich diese Leere nicht spüren muss.* Diese verborgene Agenda kann unsere Fähigkeit, gesunde Beziehungen zu haben und bedingungslose Liebe zu geben, beeinträchtigen oder sogar sabotieren.

Für Kinder ist es besonders wichtig, einen Hintergrund bedingungsloser Liebe zu spüren. Auch wenn es oberflächlich Bedingungen gibt – wie zum Beispiel, dass sie gescholten werden, wenn sie sich danebenbenehmen oder ihre Noten schlechter werden, oder dass sie belohnt werden, wenn sie gute Leistungen erbringen –, hängt ihre gesunde Entwicklung davon ab, dass sie ein stabiles, starkes Gefühl der bedingungslosen Liebe empfinden, unabhängig davon, wie sie sich verhalten oder was sie leisten. Andernfalls können sie ihren Selbstwert damit verwechseln, wie gut sie in der Schule, in den Künsten, beim Sport und so weiter abschneiden. Die Verwechslung von Selbstwertgefühl und Leistung ist einer der Hauptgründe dafür, dass die essenzielle Liebe verschleiert wird.

Essenzielle Liebe: günstige und ungünstige Bedingungen

Weiter oben haben wir besprochen, wie das Tempo der modernen Welt es erschweren kann, unsere Energie geerdet, ausgeglichen und gesund zu halten. In ähnlicher Weise kann die moderne Welt uns daran hindern, uns mit unserem natürlichen Wohlbefinden zu verbinden. Für die Entfaltung der essenziellen Liebe, sowohl während unserer Schulzeit als auch in unserem Erwachsenenleben, stellt dies eine große Herausforderung dar. Solche ungünstigen Bedingungen sind ungesund, weil sie die essenzielle Liebe blockieren oder verdunkeln können. Sie können sie sogar ganz unsichtbar machen; was bedeutet, dass wir nicht in der Lage sind, sie zu fühlen und zu erfahren.

Auf meinen vielen Reisen um die Welt ist mir aufgefallen, dass die essenzielle Liebe aufgrund der Ausbreitung der modernen Bildungs- und Arbeitskultur immer schwieriger wahrzunehmen ist. Ein Grund dafür könnte sein, dass wir so ungemein beschäftigt sind. Wir sind normalerweise von klein auf in der Schule und bei anderen Aktivitäten ganz von unserem Zeitplan eingenommen: *Mach dies, jetzt mach Hausaufgaben, dann mach das* – und so weiter. Diese Betriebsamkeit führt dazu, dass wir es fast ständig mit Hoffnung und Angst zu tun bekommen, mit Gefühlen, die die essenzielle Liebe blockieren. Denn aus einer tieferen Perspektive betrachtet, hat jede bedingte Liebe einen gewissen Beigeschmack von Hoffnung und Angst; ganz gleich, wie sie im Einzelnen aussieht.

Andererseits gibt es viele Momente und Situationen, die essenzielle Liebe triggern können: mit jemandem zu schlafen, Zuneigung, tiefe Hingabe, tiefe Liebe. Das sind nur einige der unzähligen Bedingungen, die uns mit der essenziellen Liebe in Berührung bringen. Andere sind: schöne Musik hören, sich in der Natur aufhalten, sanftes, langes Ein- und Ausatmen, den Körper mit köstlicher gesunder Nahrung nähren und unsere Bindu (Energiesamen im feinstofflichen Körper) mit sanftem Yoga und gesunder Bewegung stärken.

Erinnerungen an die Erfahrung von bedingungsloser Liebe in Ihrem Leben können ebenfalls ein starker Trigger sein. Dabei kann es sich um eine wichtige Beziehung handeln, aber auch um einen zufälligen Moment. Vielleicht hat Ihnen jemand einfach liebevoll Wasser gegeben, als Sie durstig waren. Erinnerungen an Freundlichkeit, an bedingungslos empfangene Liebe können helfen, die Erfahrung essenzieller Liebe zu triggern. Ein weiterer häufiger Auslöser sind Erinnerungen an natürliche Schönheit, zum Beispiel an den Anblick von Blumen und daran, wie Sie sich beim Anblick dieser Blumen gefühlt haben. Es waren wahrscheinlich nicht *Ihre* Blumen, sie gehörten Ihnen nicht, aber sie haben Ihnen trotzdem geholfen. Oder vielleicht sind Sie auf eine Anhöhe gegangen und haben einen wunderschönen Sonnenuntergang gesehen. Der Sonnenuntergang ist nicht die essenzielle Liebe; er ist nur ein für das Hervortreten Ihres angeborenen Wohlbefindens ungemein förderlicher Moment.

In alldem liegt ein gewisser Geschmack von Freiheit. Unsere Herausforderung besteht darin, dass wir lernen müssen, uns nicht auf diese Dinge zu verlassen; sei es der Sonnenuntergang oder der Blumengarten von jemand anderem. Stattdessen können wir die essenzielle Liebe durch unsere Praxis zu jeder Zeit und in jedem Moment erfahren, indem wir darauf vertrauen: *Dies ist in mir; dies ist meine Natur.*

Dennoch sind diese Verbindungen zur essenziellen Liebe etwas Zusätzliches. Ich nenne sie gerne einen Bonus – und warum sollten wir nicht in den Genuss eines Bonus kommen? Aber gleichzeitig sind sie auch unzuverlässig. Alles, was wir erleben, ist vergänglich. Vergänglichkeit bedeutet, dass jederzeit irgendeine Ursache oder Bedingung die Umstände verändern kann. Vielleicht haben Sie wunderbaren Sex, aber aufgrund der Vergänglichkeit und weil andere Faktoren dazwischenkommen können, haben Sie beim nächsten Mal vielleicht keinen fantastischen Sex, kein fantastisches Essen, keine fantastische Musik, kein fantastisches Irgendetwas.

Wenn Sie das nächste Mal ein Konzert besuchen, haben Sie vielleicht gerade einen heftigen Streit mit Ihrem Partner gehabt, und die Musik bereitet Ihnen nicht mehr den gleichen Genuss. Irgendein Faktor kann die Erfahrung jederzeit stören und verändern. Wir müssen also Akzeptanz lernen; wir müssen lernen

Veränderung zuzulassen, wir müssen lernen loszulassen. Wir müssen unsere essenzielle Liebe finden, ohne von so vielen Bedingungen abhängig zu sein. Tatsächlich ist essenzielle Liebe von überhaupt keinen Bedingungen abhängig.

Je mehr wir von äußeren Umständen abhängig sind, um uns mit essenzieller Liebe verbinden zu können, desto schwächer und schwächer werden wir. Unser Gehirn verliert das Interesse an Wiederholungen, blendet das aus, was einmal ein Trigger für die Erfahrung essenzieller Liebe war; und so werden wir träge. Selbst wenn wir etwas Wahres und Hilfreiches hören, fühlen wir uns vielleicht gelangweilt, abgestumpft und darüber erhaben: *Ach nee, das habe ich doch schon einmal gehört.* Eines Tages stellen wir vielleicht fest, dass wir unsere Ressourcen verloren haben; unsere Auslöser haben ihre Kraft verloren. Nehmen wir zum Beispiel an, es gibt fünfzehn wichtige Umstände, die die Erfahrung essenzieller Liebe bei uns triggern. Das sind nicht unendlich viele. Essen, Sex, Skifahren, in die Berge gehen und so weiter – wir wiederholen sie immer wieder. Aber eines Tages funktionieren sie nicht mehr. Wir haben uns an sie gewöhnt, und sie sind nicht mehr aufregend.

Dann können wir die Hoffnung verlieren und denken: *Nichts kann mich glücklich machen.* Ich nenne dieses Phänomen »Leiden der Extraklasse«: Wir kaufen etwas Neues und sind zwei Wochen lang begeistert, wie ich es mit meinem Sony Vaio war. Aber wir fühlen uns gezwungen, diesen Trigger immer wieder zu benutzen, in der Hoffnung, die essenzielle Liebe wiederzufinden. Wenn wir einen Monat lang jeden Tag unser Lieblingsessen essen, werden wir statt essenzieller Liebe Übelkeit und Erbrechen erleben. Innere Entwicklung hingegen hat kein solches Ende. Sie nimmt nicht ab, sondern ständig zu.

Nehmen wir zum Beispiel etwas, das mir kürzlich passiert ist. Ich war in Pokhara, einer berühmten Bergregion in Nepal, und es war wunderbar. Wir übernachteten an einem rustikalen Ort außerhalb der Stadt, wo es so ähnlich war wie auf einem Campingplatz. Es gab keine Toilette, keine Dusche; es gab kaum Strom. Ich habe ein bisschen gelitten, aber es hat mir sehr gut gefallen. Als ich dann wieder nach Hause kam, fand ich alles wunderbar bequem und komfortabel. Meine Toilette ist nur zwei Schritte entfernt. Ich habe fließendes Wasser, warmes Wasser, und mein Bett ist so bequem. Einen Tag lang habe ich all diesen Komfort genossen, aber dann habe ich diese Umstände wieder vergessen. Sie wurden einfach wieder normal, weil ich dachte: *Natürlich sollte es so sein.* Ich hielt sie für selbstverständlich, anstatt sie zu schätzen.

Wir haben ein Problem, wenn wir den Auslöser, die Bedingung mit essenzieller Liebe verwechseln, die intrinsisch ist. Bedingungen können die essenzielle Liebe inspirieren; aber mit keiner Methode, mit keinerlei Tätigkeit können wir essenzielle Liebe *erzeugen.* Auch wenn diese Aktivitäten essenzielle Liebe aktivieren können, werden wir durch unsere Praxis eines Tages nicht mehr von einer dieser Aktivitäten abhängig sein. Stattdessen werden wir uns durch unseren Geist wieder mit der essenziellen Liebe verbinden; ohne irgendwelche Bedingungen zu brauchen.

Diese Unabhängigkeit von Äußerlichkeiten markiert den Beginn der inneren Freiheit. Dann können wir uns sogar mit der essenziellen Liebe verbinden, wenn wir ganz allein in einem dunklen Raum sind. Selbst im Moment des Sterbens werden wir in der Lage sein, uns mit ihr zu verbinden.

Die Praxis

Essenzielle Liebe ist also nicht intensiv wie berauschende Glückseligkeit oder Wonne; vielmehr ist sie wie eine subtile Wärme oder Feuchtigkeit in einem Raum, die wir vielleicht nicht bemerken, weil wir ganz von den bunten Gegenständen oder den Menschen in diesem Raum eingenommen sind. Entscheidend ist, dass sie immer in uns vorhanden ist; und sobald wir uns mit ihr verbinden und sie nähren, können wir sie unterhalb eines jeden Gefühlszustands, jeder Emotion oder Stimmung wahrnehmen. Hier sind einige Übungen, die Ihnen helfen können, die essenzielle Liebe zu aktivieren.

Bemerken

Nehmen Sie auf dem Boden oder auf einem Stuhl sitzend eine entspannte Haltung ein. Lassen Sie Ihre Gedanken für einige Momente los und lassen Sie Ihr Gewahrsein in Ihrem Körper Platz greifen. Öffnen Sie nun sanft die Augen und schauen Sie mit weichem Blick in Ihrem Zimmer umher. Lassen Sie Ihre Aufmerksamkeit die Gegenstände in diesem Zimmer bemerken, so wie Sie es normalerweise tun würden. Lösen Sie nun die Aufmerksamkeit von diesen Gegenständen und bemerken Sie für eine kleine Weile einfach nur den offenen Raum. Richten Sie Ihre Aufmerksamkeit dann wieder auf die Gegenstände. Nun lassen Sie die Fokussierung auf die Objekte wieder los und bemerken wiederum nur den Raum, der alles enthält. Lassen Sie Ihr Gewahrsein hin und her gehen und nehmen Sie wahr, wie sich diese beiden Modi anfühlen.

Über das Verlangen reflektieren

In meiner buddhistischen Tradition sprechen wir von »hungrigen Geistern«, Geistern mit winzigen Hälsen und riesigen Bäuchen, die von Hunger und Durst gequält umherwandern und sich nie satt fühlen, weil nichts, was sie zu sich nehmen, ihr Verlangen jemals zu stillen vermag. Hungrige Geister sind eine Metapher für verschiedene Arten von unersättlichem Verlangen, durch das wir die Konsequenzen unseres Handelns aus den Augen verlieren und in einem Kreislauf gefangen sind, in dem wir versuchen, Gelüste zu befriedigen, die einfach immer wiederkommen. Ein traditionelles Beispiel für den Versuch der Befriedigung eines solchen Verlangens ist das Trinken von Salzwasser.

Solche Erfahrungen – seien sie wörtlich oder metaphorisch gemeint – zu kontemplieren kann eine Quelle großen Mitgefühls sein. Und es kann ernüchternd und hilfreich sein, darüber zu reflektieren, welche Rolle die Hungriger-Geist-Mentalität in unserem eigenen Leben spielt.

Nehmen Sie auf dem Boden oder auf einem Stuhl sitzend eine entspannte Haltung ein. Lassen Sie für einige Momente den denkenden Geist los und lassen Sie Ihr Gewahrsein in Ihrem Körper Platz greifen. Kontemplieren Sie die Existenz von hungrigen Geistern, also von Wesen, die von intensivem Verlangen getrieben werden, das nie gestillt werden kann. Kontemplieren Sie, ob und wie sich diese Mentalität in Ihrem eigenen Geist, in Ihrem eigenen Leben bemerkbar macht. Bedenken Sie, dass nichts, was Sie von außen konsumieren können, Sie jemals vollständig befriedigen oder Ihnen dauerhaftes Wohlbefinden verschaffen wird. Bedenken Sie weiter, dass Sie ein intrinsisches Okay-Sein besitzen, das Ihnen bereits innewohnt und das eine

Quelle unendlichen Wohlbefindens ist. Trachten Sie danach, sich wieder damit zu verbinden, und nähren Sie Ihr Geburtsrecht der essenziellen Liebe.

Die Trigger-Methode

Trigger nutzen förderliche Bedingungen und Aktivitäten zur Aktivierung der essenziellen Liebe. Für jeden von uns gibt es viele mögliche Auslöser, Inspirationen und Assoziationen, die als solche Trigger wirken können. Fühlen Sie sich frei, in der folgenden Übung einen anderen Trigger Ihrer Wahl einzusetzen, der für Sie funktioniert – wie zum Beispiel die Erinnerung an bedingungslose Liebe, die Ihnen entgegengebracht wurde, oder den Anblick eines Sonnenuntergangs.

Das Wichtigste dabei ist, dass Sie dem Trigger oder der Inspiration erlauben, die essenzielle Liebe zu aktivieren. Verbringen Sie dann einige Zeit damit, die essenzielle Liebe selbst wahrzunehmen, indem Sie Ihre Aufmerksamkeit von dem Trigger zurückziehen.

Essenzielle Liebe mit Musik triggern

Bereiten Sie die Übung vor, indem Sie ein Musikstück oder mehrere Musikstücke, die Sie besonders schön finden und von denen Sie tief berührt werden, bereithalten. Wählen Sie etwas, das halb oder zwei Drittel so lang wie Ihre Übungssitzung ist.

Nehmen Sie dann eine bequeme, entspannte Haltung ein und lassen Sie zu Beginn Ihr Gewahrsein für ein paar Minuten in Ihren Körper fallen. Dann lassen Sie Ihre vorbereitete Musik laufen. Erlauben Sie der Musik, Sie zu umspülen und durch

Sie hindurchzufließen. Genießen Sie ihre Schönheit für einige Minuten. Lassen sich von ihr inspirieren. Bemerken Sie die Empfindungen und Gefühle in Ihrem Körper, während Sie zuhören.

Versuchen Sie nun, eine Verbindung zu einer subtileren, Ihrer Gefühlswelt *zugrunde liegenden* Qualität herzustellen, dem grundlegenden In-Ordnung-Sein oder Wohlbefinden. Wenn die Musik endet, ziehen Sie Ihre Aufmerksamkeit zuerst von der Musik und dann von den Empfindungen und Gefühlen im Körper zurück und versuchen, mit dem Okay-Sein, mit der essenziellen Liebe zu sein. Es ist nicht nötig, irgendetwas damit anzufangen; seien Sie einfach bei ihr, tauchen Sie in sie ein.

Essenzielle Liebe mit langem, sanftem Atmen triggern

Beginnen Sie auf dieselbe Weise, indem Sie eine bequeme, entspannte Haltung einnehmen und Ihr Gewahrsein für einige Minuten in den Körper fallen lassen. Fangen Sie dann an, bewusst und sanft lang ein- und auszuatmen; für etwa fünf bis zehn Minuten. Finden Sie einen entspannten Rhythmus. Erlauben Sie der sanften Atmung, Sie zu entspannen, zu nähren und zu inspirieren. Bemerken Sie die subtilen Empfindungen in Ihrem Körper während der langen Ein- und Ausatmungen; vielleicht ein Kribbeln, vielleicht Wärme, vielleicht Frieden, vielleicht ein wenig Freude oder ein subtiles Wonnegefühl.

Ziehen Sie nun Ihre Aufmerksamkeit vom Atem und den Empfindungen ab und versuchen Sie, das subtile Wohlbefinden, oder In-Ordnung-Sein darunter zu bemerken. Wenn es sich gut anfühlt, lassen Sie die Atmung wieder normal werden; bleiben Sie einfach nur mit der essenziellen Liebe und erlauben Sie ihr, Ihr Sein zu durchströmen. Es ist nicht nötig, etwas Bestimmtes zu tun; machen Sie sich einfach wieder mit diesem inneren Okay-Sein vertraut.

Essenzielle Liebe mit sanfter Bewegung triggern

Sie können auf jede Art von sanfter Bewegung zurückgreifen, die Sie mögen; wie etwa Qigong, sanftes Yoga, Tai-Chi, Dehnen, Gehen und so weiter. Beginnen Sie damit, Ihr Gewahrsein in den Körper fallen zu lassen, und seien für ein paar Minuten im Körper. Fangen Sie dann an, sich auf die von Ihnen gewählte Weise sanft zu bewegen. Genießen Sie es, Ihren Körper fließend zu bewegen – oder das Dehnen oder Gehen. Seien Sie Ihrer Position im Raum gewahr und seien Sie in der Bewegung so verkörpert wie möglich. Lassen Sie sich von der Bewegung inspirieren. Achten Sie dann verstärkt auf die Empfindungen überall im Körper.

Ziehen Sie schließlich Ihre Aufmerksamkeit von der Bewegung und den Empfindungen zurück und versuchen Sie, das In-Ordnung-Sein, das grundlegende Wohlbefinden der essenziellen Liebe unterhalb der Empfindungen zu bemerken. *Seien* Sie einfach nur damit. Ob Sie sich weiterbewegen oder zur Ruhe kommen: Bemerken Sie weiterhin die Ihnen innewohnende essenzielle Liebe und seien Sie mit ihr. Machen Sie sich auch diesmal damit vertraut und lassen Sie sich von ihr nähren.

Nehmen Sie eine angenehme, entspannte Position ein und praktizieren Sie das Fallenlassen des Gewahrseins in den Körper. Ruhen Sie so für einige Minuten in ihm. Rufen Sie sich dann eine Erfahrung des Händeschüttelns in Erinnerung, in der Sie sich von innen her geöffnet und womöglich einen flüchtigen Blick auf essenzielle Liebe erhascht haben. Versuchen Sie jetzt, das natürliche Wohlbefinden, das In-Ordnung-Sein wieder unmittelbar zu erfahren. Wenn Sie es finden können, seien Sie einfach damit. Sie können ein klein wenig Achtsamkeit als Hilfe nutzen, um sich wieder damit zu verbinden – um das Okay-Sein achtsam wahrzunehmen. Sie können dabei auch ein bisschen nach ihm suchen: *Wo bist du? Wo ist das Okay-Sein?* Sie suchen nicht nach einem *bedingten* Okay-Sein. Wenn Sie etwas Wohlbefinden, ein wenig In-Ordnung-Sein in Ihrer Gefühlswelt finden, dann bleiben Sie dabei. Seien Sie mithilfe sanfter Achtsamkeit mit diesem In-Ordnung-Sein.

Falls Sie diese weiche Stelle des Wohlbefindens nicht finden können, gehen Sie zurück zum Händeschütteln. Was auch immer in genau dem Moment Ihre Erfahrung sein mag – Angst, Traurigkeit, Taubheit –, begegnen Sie dem und bleiben Sie dabei. Wenn die betreffende Erfahrung sich dann öffnet, ist die essenzielle Liebe wieder da. Tun Sie das immer wieder, und eines Tages wird die essenzielle Liebe leichter zugänglich sein. Sobald Sie dann nach essenzieller Liebe suchen, wird sie sagen: *Hallo, ich bin hier*. Dann werden Sie die Praxis des Händeschüttelns nicht mehr benötigen; Sie werden einfach *mit* der essenziellen Liebe sein und sie nähren.

Wenn Sie sich nicht sicher sind oder wenn Sie statt essenzieller Liebe Hohlheit finden, können sie dennoch weitersuchen. Sie können in Ihrem Geist leise rufen: *Hallo, essenzielle*

Liebe, wo bist du? Sie mag dann auftauchen, weil Sie sie zuvor bereits einmal durch das Händeschütteln erfahren haben. Sie müssen nur suchen und hinschauen. Manchmal müssen Sie lauter rufen: *Wo bist du?* Ist sie da – wunderbar. Wenn nicht – Händeschütteln. Das ist der Grund, warum das Händeschütteln die ganze Zeit über wichtig ist. In jedem Stadium müssen sich etwaige Hindernisse, alle Blockaden öffnen. Der Weg zu dieser Öffnung ist das Händeschütteln.

Essenzielle Liebe ist weniger eine Übung als vielmehr ein angeborenes Wohlbefinden oder In-Ordnung-Sein. Für manche Menschen ist die essenzielle Liebe leicht zugänglich, weil sie nicht von schönen Monstern blockiert ist. Sie müssen ihr einfach nur ihre Aufmerksamkeit zuwenden, sie bemerken. Andere wiederum können sie nicht finden; nicht etwa, weil sie verschwunden wäre, sondern weil sie verdunkelt ist. Aber diese Methoden können uns helfen, uns wieder mit ihr zu verbinden.

Jedes Mal, wenn Sie sich mit der essenziellen Liebe verbunden haben, können Sie sie nähren, indem Sie einfach bei ihr sind, in sie eintauchen. Ruhen Sie in ihr. Baden Sie in ihr. Lassen Sie sich von ihr überschwemmen. Lassen Sie sie in Ihrem Inneren aufwallen. Bemerken Sie ihre subtilen Eigenschaften: das In-Ordnung-Sein ohne Grund; die Bereitschaft, Liebe zu geben und zu empfangen; Funken von Freude und Humor; natürliche Klarheit, Mut.

Vielleicht haben Sie das Bedürfnis, diese Liebe, diese Freude, diesen Humor oder diesen Mut zu bekunden. Ein solcher Impuls ist sehr positiv, aber es ist jetzt noch nicht notwendig, irgendetwas zu bekunden. Verbinden Sie sich, während Sie üben, einfach weiter mit der essenziellen Liebe und stärken Sie die Verbindung. Sie werden im täglichen Leben noch viele Gelegenheiten haben, Ihre essenzielle Liebe nach außen hin zu bekunden. Jetzt ist es an der Zeit, Ihren eigenen Zugang zu stärken, Ihr eigenes Vertrauen darauf, dass Sie die Heimat Ihrer Gefühlswelt, Ihr natürliches Wohlbefinden, aufsuchen können. Ruhen Sie einfach in Ihrem Zuhause.

Ein wichtiger Punkt: Erkennen Sie die essenzielle Liebe so oft wie möglich in der formellen Meditationspraxis wie auch im täglichen Leben, mit und ohne Verwendung von Triggern. Befolgen Sie den Merksatz: »Kurze Momente, viele Male.« Er soll uns daran erinnern, uns wieder mit der essenziellen Liebe vertraut zu machen, die Verbindung mit ihr zu stärken und sie in uns zu nähren.

Ich glaube, dass diese Methoden, sich mit der essenziellen Liebe zu verbinden, der Schlüssel zu einem mit Wohlbefinden beschenkten, gesunden menschlichen Leben sind. Andernfalls können wir dauerhaft in Abhängigkeit von äußeren Bedingungen feststecken, ständig Selbstbelohnung in etwas anderem als unserem eigenen Sein suchen. Das wäre so, als blieben wir immer hungrig und versuchten, etwas zu essen, um die Hohlheit zu füllen. Wenn unser Geist so beschaffen ist, werden wir nie frei sein. Und mit »frei« meine ich ein unbeschwertes, fröhliches Glück tief in unserem Inneren.

Die großen Meister der vergangenen Generationen besaßen diese Fröhlichkeit tief im Inneren. Ihr Geist war nicht urteilend, nicht vergleichend, sondern mitfühlend, frei, voller Wohlbefinden; und gleichzeitig waren sie fürsorglich und hellwach. Essenzielle Liebe ist entscheidend für all diese Eigenschaften. Ich hoffe darauf, dass wir sie in uns selbst entdecken und mit anderen teilen.

DANIEL GOLEMAN: DIE WISSENSCHAFT

Ich hatte eine fruchtbare Woche bei einem von Tsoknyi Rinpoche geleiteten Retreat hinter mir. Die Praxis hatte mich in einen Zustand versetzt, in dem ich mich ständig wohl- und »grundlos glücklich« fühlte, wie Rinpoche es ausdrückt. Ich fühlte mich, so wie ich war, erfüllt, ohne das Bedürfnis nach irgendetwas anderem zu haben. Alles fühlte sich genau richtig an, was auch immer geschah.

Tara und ich fuhren Rinpoche von dem Retreat zu einem Besuch in unserem ein paar Stunden entfernten Haus. »Ich fühle mich wirklich, wirklich gut«, berichtete ich ihm. »Jetzt weiß ich, was ›Wohlbefinden‹ bedeutet.«

»Du bist in Berührung mit dem In-Ordnung-Sein, dem Anzeichen von essenzieller Liebe«, erwiderte Rinpoche.

»Ich möchte, dass es für immer anhält«, sagte ich.

»Es wird so lange andauern«, sagte Rinpoche, »wie du diesen Ort weiterhin in dir finden kannst.«

Doch zu Hause angekommen, geriet ich in den Strudel meiner täglichen To-do-Listen, Anrufe, E-Mails und anderen Pflichten, und dieses Gefühl des Wohlbefindens verblasste langsam, überdeckt von dem täglichen Durcheinander von Dingen, die ich erledigen oder über die ich mir Gedanken machen musste.

Es gibt zwei Arten des Glücklichseins. Die erste, wie Rinpoche betont, hängt davon ab, was uns im Laufe eines Tages widerfährt.

Und so wie wir uns »high« fühlen, wenn gute Dinge passieren, können wir auch in schlechte Gefühle abstürzen, wenn das Leben nicht gut läuft. Genau diese emotionale Wippe trug das Hochgefühl meines Retreats so langsam ab.

Die zweite Art des Glücklichseins, die beständiger ist, kommt von innen und bleibt uns erhalten. Das ist es, was Rinpoche essenzielle Liebe nennt; jenes charakteristische Gefühl des In-Ordnung-Seins, durch das wir *ohne besonderen Grund* glücklich sein können. Das heißt, wir sind nicht von etwas außerhalb von uns Liegendem abhängig, damit wir uns gut fühlen. Es ist eine beständige, zuversichtliche Stimmung, ganz gleich, was passiert – und seien es Enttäuschungen, Frustrationen oder Rückschläge.

Psychologische Theorien sind in gewisser Weise von der Biografie derjenigen abhängig, die sie formulieren. Psychologen richten ihre Forschungstätigkeit intuitiv auf Dinge aus, die sie selbst erfahren haben. Das mag ein Grund dafür sein, dass die Psychologie historisch gesehen wenig über einen inneren Zustand zu sagen weiß, der positiv bleibt, ganz gleich, was mit uns geschieht – viele Psychologen haben diese Erfahrung selbst wahrscheinlich noch nie gemacht. Deshalb ist diese Art von Gleichmut, ganz gleich, was passiert, nicht auf ihrer Landkarte der menschlichen Erfahrung zu finden. Der Schwerpunkt der Psychologie lag stets in hohem Maße auf pathologischen Zuständen wie extremer Angst und Depression.

Die psychologische Wissenschaft hat erst in letzter Zeit begonnen, sich mit Eigenschaften zu befassen, die mit dem zu tun haben, was Rinpoche Okay-Sein nennt. Diese Verschiebung in Richtung auf positivere Bewusstseinszustände begann mit einer Welle des Interesses an einer psychologischen Strömung, die sich Positive Psychologie nennt. Durch sie wurde der Blick der Wissenschaft auf erfreulichere Aspekte unserer Erfahrung gelenkt wie Ehrfurcht, Dankbarkeit und Mitgefühl.

Dieser neue Fokus hob Eigenschaften hervor, die Gemeinsamkeiten mit der essenziellen Liebe haben; wie zum Beispiel das »intrinsische Glücklichsein«; oder, um einmal ein Wort aus dem Griechischen zu benutzen, mit der Eudaimonie, bei der es im Wesentlichen um menschliches »Aufblühen« geht. Auch diese Arten von Glück kommen von innen und scheinen weitgehend unabhängig von den Ereignissen in unserem Leben zu sein.

Die engste Parallele zu diesem In-Ordnung-Sein ist in der Psychologie vielleicht der neue Bereich des Wohlbefindens sowie die Erkenntnis – und wissenschaftliche Bestätigung –, dass dieser günstige innere Zustand kultiviert werden kann. Wohlbefinden ist eine Fertigkeit.[13] Mein alter Freund Richie Davidson (ein Schüler von Tsoknyi Rinpoches Bruder Mingyur Rinpoche und ein bekannter Neurowissenschaftler) leitet eine Gruppe an der Universität von Wisconsin, die sowohl Forschung zum Thema Wohlbefinden betreibt als auch eine kostenlose App anbietet, die den Menschen hilft, es zu verwirklichen.[14]

Grundgedanke dieser Recherchen ist, dass wir in der Lage sind, ein Gefühl des Wohlbefindens zu kultivieren. Eine allgemeine Idee in der Hirnforschung ist die der »Neuroplastizität«, die besagt, dass die zugrunde liegenden Gehirnschaltkreise desto stärker werden, je häufiger wir eine bestimmte Routine üben. Und genau in diesem Sinn ist Wohlbefinden – wie Davidson es ausdrückt – eine Fertigkeit, die wir üben und beherrschen können. Was also zum Beispiel für einen Golfschwung gilt, gilt genauso für die Meditationspraxis.

Das Motto »Kurze Momente, viele Male« soll uns in diesem Zusammenhang daran erinnern, diese geistigen Bewegungen regelmäßig zu üben; sie stellen sich dann häufiger ein und werden natürlicher. In der Tat bedeutet das tibetische Wort für Meditation, *Gom*, so viel wie »sich daran gewöhnen«. Anders gesagt: Je häufiger wir uns mit unserer essenziellen Liebe verbinden und je vertrauter wir mit dieser Empfindung des In-Ordnung-Seins werden, desto leichter können wir Zugang dazu finden.

Eine Schlüsselkomponente des Wohlbefindens, so schlägt die Davidson-Gruppe vor, liegt in der Aktivität einer wichtigen Region im präfrontalen Kortex, dem Exekutivzentrum des Gehirns, das sich direkt über den Augen und hinter der Stirn befindet. Die in dieser Region zusammenlaufenden neuronalen Schaltkreise begünstigen die Selbstwahrnehmung in dem Sinne, dass wir besser in der Lage sind, unsere eigenen Gedanken und Gefühle zu verfolgen und auch zu bemerken, wenn wir abgelenkt sind – was wiederum der Schlüssel dazu ist, unsere Aufmerksamkeit erneut auf das zu richten, was gerade vor sich geht.

Forschungen an der Harvard University und anderswo haben ergeben, dass wir uns desto schlechter fühlen, je häufiger unsere Gedanken abschweifen.[15] Je mehr Zeit Menschen zum Beispiel mit Doomscrolling auf ihren Smartphones verbringen, desto wahrscheinlicher ist es, dass sie berichten, depressiv zu sein. Andererseits hat die Davidson-Gruppe herausgefunden, dass die Fähigkeit, unsere Aufmerksamkeit auf das zu lenken, was in uns und um uns herum in der Gegenwart vorgeht, ein stärkeres Gefühl des Wohlbefindens prognostiziert. Dies deckt sich wiederum mit den Erkenntnissen der Positiven Psychologie: Die Fähigkeit, über unsere Erfahrungen nachzudenken, trägt zu einer glücklicheren Stimmung bei. Hier trägt eine offene Neugierde in Bezug auf unsere emotionalen Gewohnheiten und damit einhergehende Gedanken – wie dies beim akzeptierenden Kommen-und-gehen-Lassen in der Übung des Händeschüttelns der Fall ist – ebenfalls zu unserem Wohlbefinden bei.

Entscheidende neuronale Schaltkreise für diesen Teil des Wohlbefindens sind, wie angedeutet, im präfrontalen Kortex konzentriert.[16] Wenn wir uns beispielsweise unserer Gedanken bewusst werden, verknüpft dies Schaltkreise in dessen Seitenregion. Die

Fähigkeit, unseren eigenen emotionalen Zustand zu steuern, ist von einer starken Konnektivität zwischen Schaltkreisen in der präfrontalen Region und der Amygdala – dem Radar des Gehirns für Bedrohungen und Auslöser von Gefühlen wie Wut und Angst – abhängig.

Viele Arten der Meditation scheinen diese Umschaltung im Gehirn zu erleichtern. Wenn wir unseren eigenen Geist mit einer Haltung der Akzeptanz betrachten, sind die Vorteile auf der biologischen Ebene sogar noch größer – worauf zum Beispiel die Verringerung von biologischen Stresssymptomen hinweist.

Als ich mit Richie über Wohlbefinden sprach, verwies er mich auf Forschungsarbeiten seiner Gruppe zur Resilienz, der Fähigkeit, sich schnell zu erholen, wenn man aus dem Gleichgewicht geraten ist.[17] Manche Menschen regenerieren sich von Natur aus langsam, aber – wie Richie hervorhebt – wir alle können lernen, uns schneller von Verstimmungen zu erholen.

Sich schnell von stressbedingten Störungen und biologischen Veränderungen zu erholen ist eine von drei Möglichkeiten, wie uns die Anwendung von Methoden wie dem Händeschütteln helfen kann. Eine andere hat damit zu tun, wie leicht wir uns überhaupt aufregen. Für manche Menschen ist der Tag voll von beunruhigenden Ereignissen, während andere nur wenig oder gar nicht auf die gleichen Störungen reagieren. Auch das lässt sich mit der richtigen Übung verbessern.

Der dritte Aspekt der emotionalen Reaktivität besteht darin, wie intensiv wir unsere Verstimmungen erleben. Auch hier gilt, dass bestimmte emotionale Trigger für manche Menschen ein hohes Maß an Bedrängnis und physiologischer Erschütterung auslösen, während dieselben Trigger für die weniger reaktiven Charaktere unter uns eher als Lüftchen und nicht als Gewitterstürme wahrgenommen werden.

Wie wir gesehen haben, bietet uns das Händeschütteln eine praktische Möglichkeit, mit unseren emotionalen Triggern und den daraus resultierenden Verstimmungen umzugehen. Diese Methode öffnet uns die Tür zu mehr Gelassenheit – zu dem Gefühl des In-Ordnung-Seins.

Wie Davidsons Gruppe feststellte, gibt es aber noch andere Pfeiler des Wohlbefindens. Einer davon ist die einfache Selbsterforschung, also das Untersuchen unserer Gefühle und ihrer Ursachen mit einer Haltung der Akzeptanz anstatt der Beurteilung. Diese Methode entspricht ebenfalls dem Händeschütteln. Die Gehirnforschung legt nahe, dass der Prozess während einer solchen »konstruktiven Selbstbefragung« Bereiche im Exekutivzentrum (dieselben, die für den Umgang mit störenden Emotionen verantwortlich sind) sowie ein neuronales Netzwerk aktiviert, das zu einem Gefühl des Wohlbefindens führt.

Ein weiterer Pfeiler des Wohlbefindens, der der Praxis des Händeschüttelns sehr ähnlich ist, ist die sogenannte Einsicht, durch die wir uns jener Stimme in unserem Kopf bewusst werden, die vom Aufwachen bis zum Einschlafen zu uns spricht. Manchmal spricht diese Stimme aufmunternde Worte, sodass wir uns energiegeladener und enthusiastischer fühlen und einen Schub für unsere positive Stimmung erhalten. Aber dieselbe Stimme kann das, was wir tun, sagen oder denken auch sehr kritisch beurteilen. In diesem Fall hilft es, einen festen Standort in unserem Geist zu finden, von dem aus wir diese Gedanken kommen und gehen lassen können. Das ähnelt dem, was das Händeschütteln uns geben kann. In dem Maße, in dem die negativen Gedanken schwinden, blühen nämlich unsere Gefühle des Wohlbefindens auf.

Mitgefühl mit uns selbst und eine akzeptierende Haltung steigern, wie die Forschung bestätigt, unser Wohlbefinden in vielerlei Hinsicht: von der Verbesserung der Fähigkeit, mit störenden Gefühlen umzugehen, bis hin zu größerer Empathiefähigkeit, zum Beispiel dem Erkennen von subtilen sozialen Signalen. Im Gegensatz dazu sind Unnachgiebigkeit und Selbstverurteilung im Umgang mit unseren Gedanken und Gefühlen ein Weg zu Depressionen und Angstzuständen.

Was die Gehirnaktivität betrifft, so scheint der Aspekt eines positiven Wohlbefindens mit starken Verbindungen zwischen den Exekutivzentren im präfrontalen Kortex und dem sogenannten Default Mode Network (Ruhezustandsnetzwerk) verbunden zu sein. Das Ruhezustandsnetzwerk besteht aus einer Reihe von neuronalen Schaltkreisen, die aktiv werden, wenn unsere Gedanken abschweifen, wie etwa bei einem Tagtraum. Dies ist ein geistiger Zustand, in dem wir eher dazu neigen, immer wieder über beunruhigende Gedanken zu grübeln, anstatt konstruktiv zu denken.

Essenzielle Liebe und Okay-Sein zeichnen sich dadurch aus, dass sie über eine geringere Wahrscheinlichkeit von emotionalen Problemen wie Depression und Angstzuständen noch hinausgehen. Es ist die *positive Seite*, die den wahren Unterschied in unserem inneren Zustand ausmacht: der »Funke«, der mit Gefühlen der Freude und Lebendigkeit einhergeht.

Während diese Gefühle des Wohlbefindens, die sich aus unserer Verbindung mit der essenziellen Liebe ergeben, in gewissem Sinne ihre eigene Belohnung sind, gibt es noch eine Reihe weiterer Pluspunkte für unsere körperliche und emotionale Gesundheit. Wie erwähnt sind Menschen, die ein höheres Maß an Wohlbefinden erfahren, widerstandsfähiger gegenüber Stress; sie erholen sich schneller, wenn sie beunruhigt sind. Im Zuge dieser Stressresistenz ergeben sich aber noch eine Reihe weiterer gesundheitlicher Vorteile, wie etwa ein geringeres Risiko für Herzkrankheiten und andere medizinische Erkrankungen, die durch stressbedingte Entzündungen verschlimmert werden. Dazu gehören Arthritis, Diabetes und Asthma. Ebenso gibt es aussagekräftige Forschungsergebnisse, die belegen, dass Wohlbefinden unsere Anfälligkeit für negative emotionale Zustände wie intensive und chronische Angstzustände und Depressionen (und wahrscheinlich eine Reihe von Problemen wie Essstörungen und sogar Psychosen) verringert. Eine bessere Konzentrationsfähigkeit und weniger Ablenkbarkeit (die nachweislich negative Stimmungen verstärkt) kommen hinzu. Und noch ein Bonus: Weniger Umherschweifen der Gedanken sowie bessere Konzentration führen zu effektiverem Lernen, was sich, wie ich später noch ausführen werde, an Prüfungsergebnissen nachweisen ließ.

Alles in allem bauen die Anleitungen zur Kultivierung der essenziellen Liebe auf der Praxis des Händeschüttelns auf und nutzen die einhergehende Selbstakzeptanz, um Zugang zu jenem grundlegenden Funken des Okay-Seins zu finden, den wir ursprünglich in unser Leben mitbringen; zur natürlichen Heimat unserer Gefühlswelt. Durch essenzielle Liebe können wir vermeiden, dass wir uns in selbstverurteilenden Gedanken verstricken, da wir stattdessen unser natürliches Wohlbefinden erkennen, wiederherstellen und nähren. Anders als Selbsthilfemethoden, die auf der Ebene der verbalen Selbstwertschätzung bleiben, gibt uns der Aufbau unserer essenziellen Liebe die Möglichkeit, die Qualität des grundlegenden Wohlbefindens *unterhalb* der Wellenbewegungen unserer Gedanken und Emotionen zu nähren – was uns wiederum in Kontakt mit unserem inneren Gefühl des In-Ordnung-Seins bringt.

Und wie wir im nächsten Kapitel sehen werden, stärkt die essenzielle Liebe das Mitgefühl mit uns selbst – was eine Vorstufe zum Mitgefühl mit allen anderen Wesen ist.

SECHS

LIEBE UND MITGEFÜHL

TSOKNYI RINPOCHE: DIE ERKLÄRUNG

Vor Kurzem fragte mich jemand: »Wie sind Sie in Ihrem Leben mit Liebe in Berührung gekommen?«

Nun, die Art von Liebe, die ich von all meinen Lehrern empfing – von meinem Großvater bis hin zu all den großen Meistern, die ich kennenlernte –, unterschied sich wesentlich von der »normalen« Liebe. Der Geschmack der Liebe und des Mitgefühls war vorhanden – aber mit viel Offenheit, einem weiten Blickwinkel und ohne Wertung. Sie sagten nie: »Oh, ich liebe dich; du bist so großartig; du bist einfach wunderbar.« Aber sie machten mir das größte Geschenk: sie waren annehmend, offen und fürsorglich. Ich hatte nie das Gefühl, von meinen Lehrern getrennt zu sein. Irgendwie folgte mir das Gefühl der Fürsorge meiner Lehrer wie ein Schatten, wohin ich auch ging.

Selbst mein Vater sagte nie: »Ich liebe dich.« Aber ich brauchte es auch nicht zu hören. Offenheit ohne klebriges Wollen oder versteckte Absichten ist ebenfalls Liebe. Sie ist eher so etwas wie ein allgemeines Gefühl der Fürsorge. Nicht zu urteilen ist ebenfalls Liebe. Liebe kann auf vielen anderen Ebenen auftauchen. Sie konzentriert sich nicht nur auf einen Bereich. Ich spürte, dass meine Lehrer sehr offen und fürsorglich waren und ich jederzeit wiederkommen und sie aufsuchen konnte. Sie waren so zugänglich. Ich hatte nie das Gefühl, einen Termin für eine Begegnung vereinbaren zu müssen oder dass meine Fragen ihnen lästig sein könnten. Heute weiß ich, wie besonders das war. Ihre Fürsorge war fast wie der offene Raum; nicht bedingt, so wie anhaftende Liebe. Raum ist im Grunde nichts anderes als wahre Liebe für alle Phänomene. Denn ohne diese zulassende Qualität des Raumes könnten keine Phänomene erscheinen.

Die engere, konzentrierte Art der Liebe lernte ich erst später in meinem Leben kennen; als ich in den Westen kam. Sie ist an Bedingungen geknüpft. Das ist ebenfalls Liebe, aber sie ist vor allem intensiv. Elternliebe und romantische Liebe sind voll von starken Gefühlen – süßen und sauren.

Alle Welt spricht gerne von Liebe und Mitgefühl. In gewissem Sinne gehören beide zu den einfachsten und natürlichsten Themen in der Meditation und auf dem spirituellen Weg. Sie transzendieren alle Unterschiede von Philosophie, Doktrin oder Tradition. Sie können ein Bereich der Begegnung zwischen den verschiedenen Glaubensrichtungen und auch zwischen der säkularen und der religiösen Welt sein. Eine Besonderheit ist, dass alle fühlenden Wesen aus buddhistischer Sicht von Natur aus Liebe und Mitgefühl besitzen. Wir können sogar sagen, dass unsere wahre Natur Liebe und Mitgefühl *ist*. Obwohl wir diese Natur also bereits als unser Geburtsrecht besitzen, können wir Liebe und Mitgefühl auch bewusst kultivieren. Das ist so, als regte man etwas an hervorzutreten, zu wachsen und sich auszudehnen. Liebe und Mitgefühl zu kultivieren wird dann zu einem Tanz zwischen der Bestätigung angeborener Fähigkeiten und der Ermutigung der verschiedenen Arten der Kultivierung; wozu auch die Betrachtung unseres Egos sowie der Art und Weise gehört, auf die es unsere Liebe und unser Mitgefühl beeinträchtigen und verunreinigen kann. In meiner Tradition machen wir eine große Sache aus dem, was wir *Bodhicitta* nennen; was man als »unermesslichen, unvoreingenommenen Altruismus«

bezeichnen kann. Dies ist sozusagen der Goldstandard der Motivation, die exquisiteste Art von Absicht, die wir anstreben können. Doch bevor unvoreingenommener Altruismus erblühen kann, müssen wir die Saat unserer Liebe und unseres Mitgefühls nähren.

Die zugrunde liegende Natur

Die angeborene Liebe und das Mitgefühl, die unserer Natur zugrunde liegen, sind wie eine Sonne, die meist in ein Haus mit verschlossenen Fensterläden eingeschlossen ist. Sie leuchtet eigentlich die ganze Zeit und strahlt ihre natürliche Wärme aus, aber das Haus, in dem sie steckt, ist ziemlich fest verschlossen. Die Fensterläden stehen für unsere Verdunklungen wie Selbstbezogenheit, Ego-Fixierung, extreme Anhaftung, Voreingenommenheit und Abneigung. Aber auch wenn die Fensterläden einen großen Teil des Lichts und der Wärme der Sonne zurückhalten, blockieren sie doch nicht alles. Ein wenig Licht und Wärme kommt durch die Ritzen. Diese Lichtblicke sind wie die Gefühle und Gedanken der Liebe und des Mitgefühls, die wir hegen – wie die Zärtlichkeit, die wir für unsere Familie und Freunde, unsere Haustiere, eine romantische Liebe und so weiter empfinden können. Ein Teil der Praxis besteht nun darin, unsere angeborene Natur der Liebe und des Mitgefühls zu erkennen und ihr zu vertrauen; und ein anderer Teil ist die Arbeit, die verdunkelnden Fensterläden zu entfernen, sodass die Natur der Liebe zu allen Wesen durchdringen und ausstrahlen kann.

Bevor wir tiefer in die Erforschung der Natur von Liebe und Mitgefühl eintauchen, lassen Sie uns einen Blick zurück auf die essenzielle Liebe werfen. Im vorigen Kapitel haben wir sie charakterisiert als ein grundlegendes Okay-Sein, ein natürliches Wohlbefinden, mit dem wir geboren sind, das aber oft durch

Schichten von Stress, Selbstverurteilung und verschiedene emotionale Blockaden überdeckt wird. Wir haben angedeutet, dass die essenzielle Liebe die Grundlage oder der Keim der gesunden Bekundung von Liebe ist. Die gesunde Art, Mitgefühl zu bekunden oder sich darin zu schulen, basiert auf der essenziellen Liebe.

Essenzielle Liebe hilft, mögliche Nebenwirkungen von Mitgefühl zu minimieren oder zu reduzieren, wie zum Beispiel Depressionen durch das Leiden anderer zu entwickeln oder Hass gegenüber Übeltätern. Wir können depressiv werden, weil der Anblick von Leiden Gefühle der Leere in uns auslösen kann. Mit essenzieller Liebe können wir unsere Empathie und unser Mitgefühl ohne die Hohlheit oder die destruktive Energie des Hasses in Aktion und Liebe umwandeln. Ohne essenzielle Liebe können wir auch besitzergreifend und besessen werden oder uns immer wieder in ungesunde co-abhängige Beziehungen verstricken. Unsere angeborene Liebe und unser Mitgefühl können sich auf sehr verdeckte und begrenzte Weise manifestieren. Wir werden womöglich parteiisch und sogar zutiefst verwirrt. Sobald wir aber Zugang zu einer gesunden und geerdeten essenziellen Liebe haben, strahlen wir ganz von selbst Liebe und Mitgefühl aus, mit weniger Gepäck und weniger Geschichten, weniger Auslösern für unsere Wunden.

Es ist ein wichtiges Ziel, nicht nur für diejenigen Liebe und Mitgefühl zu haben, die uns am Herzen liegen, sondern auch für unsere Feinde. Um das zu erreichen, brauchen wir zunächst essenzielle Liebe als Fundament. Anderenfalls steht unser Mitgefühl auf wackligen Füßen. Zum Beispiel könnte ein Gewohnheitsmuster unsere Liebe und unser Mitgefühl verstärken; wie etwa die Vorliebe für eine bestimmte Art von Hund; aber das wäre einseitig. Ohne die zugrunde liegende Wärme der essenziellen Liebe verwandeln sich unsere Gefühle und Trigger in verzerrte Liebe und verzerrtes Mitgefühl. Deshalb ist die essenzielle

Liebe als Grundlage für gesunde Liebe und gesundes Mitgefühl so wichtig.

Kurz gesagt, gesunde Liebe beruht auf essenzieller Liebe, während diese Grundlage ungesunder Liebe fehlt. So etwas zu sagen ist natürlich heikel. Ich will Menschen keineswegs dafür verurteilen, dass sie »ungesunde« Liebe und »ungesundes« Mitgefühl haben. Ich möchte nur darauf hinweisen, dass wir alle mit bestimmten Arten, unser Potenzial auszudrücken, zu kämpfen haben. Weil Anhaftung, Eifersucht und Besitzgier oft um Liebe und Mitgefühl herumwabern, müssen wir alle mit einem Cocktail gemischter Emotionen umgehen.

Manchmal befinden Sie sich vielleicht mitten in der Erfahrung von Liebe, wissen aber nicht, ob sie gesund ist oder nicht. Sie können Achtsamkeit benutzen, um zu unterscheiden. Einfach, indem Sie sich der Situation und Ihrer Liebesgefühle bewusst werden. Sie können zum Beispiel jemandem begegnen, zu dem Sie sich romantisch hingezogen fühlen. Sie sehen Möglichkeiten, haben Fantasien, verspüren Erregung und einen Hauch von Eifersucht in Hinsicht auf andere Optionen, die diese Person hat. Es ist eine wirbelnde Mischung von Gefühlen. Versuchen Sie Ihre Aufmerksamkeit von dieser Person auf Ihre eigene Gefühlswelt zurückzuziehen und seien Sie sich dieser Gefühle *an sich* bewusst. Verbinden Sie sich dann wieder mit der essenziellen Liebe und verankern Sie sich in Ihrem eigenen grundlegenden Okay-Sein. Dann betrachten Sie wieder das Gefühl der Verliebtheit. Gibt es da Voreingenommenheit oder *keine* Voreingenommenheit? Gibt es Zorn oder nicht? Wenn Sie mit der essenziellen Liebe verbunden sind, gibt es viel weniger Voreingenommenheit und Ärger. Natürlich ist immer auch ein wenig Anhaftung oder Eifersucht mit unserer Liebe verbunden. Aber es kann auch *viel zu viel* sein. Falls Sie letzteres Gefühl haben, verbinden Sie sich wieder mit der essenziellen Liebe und bekunden nun Ihre Gefühle von dort aus. Mit essenzieller Liebe werden wir nicht unausgeglichen sein; unsere Anhaftung und Eifersucht werden nicht außer Kontrolle geraten. Das macht einen großen Unterschied!

Mit essenzieller Liebe fühlen wir uns sicher und frei von Hohlheit; und wir verfügen zudem über eine Intelligenz, die uns vor Extremen bewahrt. Nehmen wir einmal an, ich empfinde Liebe für meine Verlobte. Aber jetzt sieht ein anderer Mann sie an, und ich werde eifersüchtig und wütend. Aber wenn ich essenzielle Liebe habe, verschafft mir das eine gewisse Sicherheit. Ich kann zu mir selbst sagen: *Na gut, ich fühle diese Dinge. Aber das ist okay. Schließlich hat er Augen; also kann er sie auch ansehen; kein großes Ding.* Dies ist essenzielle Liebe, die zu meiner eigenen Unsicherheit spricht.

Die Wurzel des Buddhismus ist das Streben nach Glück und Wohlbefinden für uns selbst und für andere. Wir wünschen uns, dass jeder Mensch Glück und Wohlbefinden verspürt, dass jedermann die gleiche Chance dazu hat. Deshalb schulen wir uns darin, verschiedene Gründe dafür zu erkennen, dass alle Menschen im Grunde gleich sind: Wir sind alle gleich in dem Wunsch nach Glück und dem Wunsch, nicht zu leiden. In unserer Tradition nennen wir diese Denkweise *Lojong*, was »Geistesschulung« bedeutet. Seine Heiligkeit der Dalai Lama ist ein großer Verfechter davon, ebenso wie meine alte Freundin Sharon Salzberg, eine wunderbare Lehrerin der Praxis der Liebenden Güte.

Auch wenn es viele Möglichkeiten gibt, Glücklichsein zu kategorisieren, und obwohl Glück für jeden Menschen anders aussieht, gibt es doch auch ein gemeinsames Glück, das wir »ethisch« nennen können: Glück und Wohlbefinden, das anderen keinen Schaden zufügt. Ethisches Glück kommt dem grundlegenden Wohlbefinden der essenziellen Liebe sehr nahe. Leider haben manche Menschen mehr Gelegenheit dazu, dies zu erfahren, und manche weniger; manche erfahren mehr *Leid* und manche mehr *Glück*. Liebende Güte bedeutet, Liebe für diejenigen zu empfinden, die weniger Chancen haben, obwohl sie das gleiche Recht haben, glücklich zu sein und zu gedeihen. Liebe ist der Wunsch, dass alle die Frucht des Glücks genießen mögen.

Ebenen der Bekundung von Liebe

Liebe ist ein komplexes Thema, und allein schon das Wort hat viele Konnotationen. In der buddhistischen Tradition haben wir eine Vielzahl von Begriffen für sie, darunter das Wort *Metta* (Sanskrit: *Maitri*), das oft als Liebende Güte, Wohlwollen oder guter Wille übersetzt wird. Diese Definitionen helfen, es von den eher gewöhnlichen Assoziationen der besitzergreifenden Liebe zu unterscheiden. Wir haben auch andere Wörter, die eine ähnliche Bedeutung haben, wie etwa Fürsorge und Zuneigung.

Ich betrachte Liebe gerne als ein Phänomen, das mehrere Ebenen umfasst. Die essenzielle Liebe ist das Fundament, der Boden. Daraus sprießen verschiedene Bekundungen von Liebe und blühen in unseren Beziehungen und in der spirituellen Praxis auf. Wir können zum Beispiel elterliche Liebe erfahren, brüderliche und schwesterliche Liebe, romantische Liebe, Freundschaftsliebe, hingebungsvolle Liebe, mitfühlende Liebe und so weiter. Alle diese Erscheinungsformen haben etwas von der Beschaffenheit der essenziellen Liebe, der Feuchtigkeit der essenziellen Liebe. Essenzielle Liebe ist wie das Sehorgan der Liebe; bekundete Liebe ähnelt dagegen Körper, Armen und Beinen. Oder wir könnten sagen, die essenzielle Liebe sei wie die zugrunde liegende Wärme oder die Fähigkeit an sich, während die bekundete Liebe die Ausführung, die Farbe und Form der Flamme ist – das, was man tatsächlich sieht.

Die gesunden Formen der bekundeten Liebe machen das Leben sinnvoll und freudig. Sie sind auch der Halt, der uns zu überleben hilft, wenn es im Leben schwierig wird. Diese Formen der Liebe sind oft mit Anhaftung verbunden, aber das ist normal. Wir können uns vielleicht eine Liebe jenseits von Anhaftung vorstellen, eine tiefe und vergeistigte Qualität von unvoreingenommener Liebe und unvoreingenommenem Mitgefühl. Das bedeutet, dass wir nicht darauf beschränkt sind, Liebe und Mitgefühl nur für bestimmte Menschen oder Gruppen wie Familie, Freunde oder »meine Leute« zu empfinden, oder für Opfer. Wir können beides für jedermann empfinden; auch für Feinde, Fremde und sogar für Übeltäter. Das ist ein schwieriges Unterfangen, aber etwas, worin wir uns schulen können. Die Krönung einer solch unvoreingenommenen Liebe und des Mitgefühls ist besagtes Bodhicitta, der unendliche, universelle Altruismus.

Liebe kann entweder auf der Grundlage von Gefühlen oder von Überlegungen entstehen; beide Formen sind wichtig und können kultiviert werden. Wir brauchen beides zusammen, um zu unvoreingenommener Liebe und unvoreingenommenem Mitgefühl zu gelangen. Ohne Gefühl kann die reine Vernunft trocken werden, ohne Wärme und Zärtlichkeit. Das bloße Wiederholen von liebevollen Worten und Wünschen kann mechanisch werden, wenn wir uns nicht mit dem, was wir sagen, verbunden fühlen. Reines Gefühl hingegen, ohne Denken und Verstand, kann begrenzt oder einfach nur reaktiv sein, weil unsere Gefühle oft aus unseren Gewohnheitsmustern hervorgehen. Die Vernunft kann Liebe und Mitgefühl über ihre gefühlsbasierten Wurzeln hinaus zu etwas Größerem erheben. So fühlen wir vielleicht eine gewisse Zuneigung für unser Haustier, was zwar schön, aber nur auf dieses eine Wesen beschränkt ist. Mit Übung können wir das Gefühl der Zuneigung als Grundlage für die Ausweitung unserer Liebe auf immer mehr Wesen nutzen. Warum sollten nicht alle Lebewesen die gleiche Zärtlichkeit verdienen wie diejenige, die ich für mein Haustier empfinde? *Natürlich* verdienen sie es! So können wir unsere Zuneigung verstärken und unser Herz mit mehr und mehr Mitgefühl füllen.

Hindernisse für die Erfahrung von Liebe und Mitgefühl

Es gibt viele emotionale Hindernisse für die Erfahrung von Liebe und Mitgefühl, aber zusammenfassen können wir sie unter drei Kategorien: Anhaftung, Gleichgültigkeit und Abneigung. Anhaftung ist ein heikles Thema. Liebe ist oft mit Anhaftung verbunden. *Attachment*, das englische Wort für Anhaftung, kann verwirrend sein, weil die moderne Psychologie damit eine positive Eigenschaft, nämlich Bindung, bezeichnet. Eine sichere Bindung ist in der Kindheit und darüber hinaus wichtig. Auch der Buddhismus sagt, dass das Gefühl von Sicherheit und Geborgenheit in unseren primären Beziehungen für ein Kind, ja für jeden Menschen sehr wichtig ist. Allerdings wird der Begriff »Attachment« unter Buddhisten meist im Sinne einer ungesunden Art des extremen Festhaltens gebraucht – im Sinne eines begrenzenden und klebrigen Musters: *Ich liebe dich, weil du mir gehörst. Ich liebe dich, weil du mich glücklich machst.*

Dieser Sachverhalt stiftet oft Verwirrung, weil dann angenommen wird, gute Buddhisten sollten nicht *attached*, anhaftend, sondern *detached* (losgelöst) sein. Aber das kann leicht missverstanden werden als eine Art von gefühlloser Gleichgültigkeit seitens einer abgehobenen Person, die sich einfach nicht um andere Menschen kümmert. Meiner Meinung nach ist das ein großer Fehler. Eine gründliche und ausgewogene buddhistische Praxis sollte uns dazu bringen, uns *viel* zu kümmern. Nicht nur um unsere Familie und Freunde, sondern um alle Lebewesen.

Wir können einen tiefen Mut entwickeln, Leiden anzuschauen und unser Herz für jeden zu öffnen. Also, bitte verstehen Sie die buddhistische Tradition richtig, und denken Sie nicht, dass gleichgültig zu sein und sich nicht zu kümmern ein Zeichen von spiritueller Veranlagung oder Errungenschaft ist. Das ist nicht der Fall, sondern würde nur bedeuten, dass Sie gefühllos und abgehoben sind und Ihren schönen Monstern nicht die Hand gereicht haben. Sie könnten Ihr fehlendes Verständnis als Ausrede benutzen. Bitte tun Sie das nicht.

Allerdings sollten wir uns nicht zu schlecht fühlen, wenn unsere Liebe und unser Mitgefühl mit Anhaftung vermischt sind; das ist völlig normal. Es ist jedoch etwas, dessen man sich bewusst sein sollte. Um noch einmal dieses Beispiel anzuführen: Vielleicht überschütten wir unsere Haustiere mit Zärtlichkeit und empfinden intensive Zuneigung zu ihnen, aber wenn uns jemand versehentlich auf die Zehen tritt, sind wir geneigt, ihn zu schlagen oder anzuschreien. Im Allgemeinen lieben wir die Menschen, die uns lieben, die freundlich zu uns sind, die uns helfen und uns ein gutes Gefühl geben. Aber Anhaftung kann dazu führen, dass unsere Liebe und unser Mitgefühl zu Voreingenommenheit, Vorliebe und Vorurteil werden. *Ich liebe diese Sorte Mensch, aber nicht jene. Ich empfinde Mitgefühl für diese Person, aber nicht für jene.* Diese Gefühle sind normal, aber einschränkend. Obwohl es wunderbar ist, dass wir Liebe und Mitgefühl für einige Lebewesen empfinden, ist unsere persönliche Welt tief gespalten zwischen denen, mit denen wir fühlen, und denen, mit denen wir kein Mitgefühl haben; zwischen Geliebten und Ungeliebten.

Gleichgültigkeit ist ein weiteres großes Hindernis. Sie kann sich als ein Verhalten zeigen, das gegenüber Fremden oder sogar entfernten Bekannten neutral ist. Wir haben vielleicht das Gefühl, dass es nicht wirklich wichtig ist, was mit ihnen geschieht. Wir wünschen ihnen nicht unbedingt Böses, aber wir kümmern uns auch nicht sonderlich um sie, weil wir sie nicht kennen. Wir denken vielleicht: *Es ist schon schwer genug, mit den komplexen Beziehungen umzugehen, die ich habe. Was soll ich mir dann auch noch Gedanken über all die Fremden machen!* Aber diese Wesen verdienen unsere Liebe und unser Mitgefühl genauso wie diejenigen, die wir kennen und um die wir uns kümmern. All diese Wesen leiden ebenfalls unnötig.

Eines der größten Hindernisse für ein umfassendes Gefühl der Liebe oder des Mitgefühls ist jedoch Abneigung. Es gibt viele verschiedene Arten davon – leichtere wie Gereiztheit und Irritation und intensivere wie Zorn, Hass und rasende Wut. Es kann viele Gründe dafür geben, diese Gefühle zu empfinden. Manchmal scheinen sie gerechtfertigt zu sein *(Er hat mir wehgetan!)* und manchmal eher willkürlich *(Ich mag einfach keine Leute, die laut reden. Ich mag Leute nicht, die schlabberige Kleidung tragen).* Wenn wir über die Verhaltensweisen nachdenken, die wir nicht mögen, die uns stören, die uns verletzt haben, stellen wir gewöhnlich bewusst oder unbewusst eine wichtige Vermutung an: *Sie haben das absichtlich getan. Sie haben gewusst, was sie tun. Sie wollten mir wehtun, mich verletzen oder mich ärgern. Sie sollten es eigentlich besser wissen.*

Aber wenn wir dieser Annahme nachgehen, beginnt sie zu zerfallen. Wenn wir uns tief im Inneren wünschen, dass andere glücklich sind, ist es dann nicht logisch, dass sie tief im Innern denselben Wunsch hegen? *Okay*, könnten wir sagen, *warum haben sie dann diese dumme, verletzende Sache getan? Welche andere Erklärung könnte es für ein derart ärgerliches Verhalten geben?* Nun, warum tun *wir* Dinge, die wir bereuen, warum verletzen *wir* andere? Es könnte ein unbeabsichtigter Fehler, eine Unachtsamkeit sein. Aber oft werden wir von einer schmerzlichen Emotion übermannt und verlieren vorübergehend die

Kontrolle über unseren Körper, unsere Rede oder unseren Geist. Es sind eigentlich nicht wir, die das getan haben. Natürlich ist es auch niemand anderes. Es passiert, während wir von dieser Emotion überwältigt sind. Warum sollte das bei anderen Menschen anders sein?

Ein wirksames Gegenmittel gegen Irritation, Wut und Hass besteht darin, zu bedenken, dass Menschen, die uns verletzen oder sich so verhalten, wie wir es nicht mögen, von schmerzlichen Emotionen überwältigt werden. Eigentlich liegt die Schuld nicht bei ihnen selbst, sondern bei den schmerzlichen Gefühlen. Aber wir mischen das Ganze zu einem Klumpen zusammen. Außerdem können sich unsere eigenen Vorurteile und Widerstände in die Situation einmischen und eine wichtige Rolle dabei spielen, wie wir reagieren und uns fühlen. Wenn wir bereits einen gewissen Widerstand oder Groll gegen jemanden hegen, bedarf es nur einer Kleinigkeit, um uns verletzt zu fühlen und entsprechend zu reagieren. Die Person, ihre Emotionen, ihre Handlungen und Worte scheinen dieser unauflösliche Klumpen zu sein; und dieser Klumpen gibt uns das Gefühl, selbst ein wütender, schmerzender Klumpen zu sein!

Tatsächlich stellen die Person, ihre Emotionen, ihre Handlungen und ihr Wesen verschiedene Ebenen dar. So wie wir von unseren schmerzlichen Emotionen überwältigt werden und Dinge tun, die anderen wehtun können und die wir bedauern, passiert ihnen das auch. Und da sie von ihren Emotionen *überwältigt* werden, haben sie unser Mitgefühl verdient. Im Allgemeinen verstehen wir diesen Gedanken, wenn es um Kinder geht. Wenn ein Kind einen Trotzanfall hat, können wir das Kind meist von der Emotion und seinem Handeln trennen. Aber wenn ein Erwachsener ausrastet, vergessen wir, diese Trennung vorzunehmen, und denken, dass er mehr Verantwortung für seine Gefühle übernehmen sollte.

Wenn wir einen Zustand erreichen können, in dem wir echtes Mitgefühl mit jedem haben, der in eine negative Situation verwickelt ist – das Opfer, die Täter, die Zuschauer –, dann ist das sehr mächtig. Es bedeutet nicht, dass wir unser Unterscheidungsvermögen verlieren und Recht und Unrecht nicht mehr erkennen. Wir wissen immer noch, was eine Tugend und was eine Untugend ist. Es bedeutet nicht, dass wir völlig passiv werden und diejenigen nicht in Schutz nehmen, die Schutz brauchen. Wenn es richtig ist einzuschreiten, sollten wir eingreifen und helfen zu schützen. Wenn wir uns selbst vor Misshandlung oder Missbrauch schützen müssen, sollten wir auch das tun. Aber wir können auch Mitgefühl für alle Beteiligten empfinden; und das ist eine machtvolle Gabe: nicht unsere eigenen negativen Emotionen wie Hass oder Rache in die Situation hineinzutragen. Mitgefühl für diejenigen zu kultivieren, die wir nicht mögen oder lästig finden, und sogar für diejenigen, die uns verletzt haben, gibt uns eine sehr kraftvolle Gelegenheit zur Transformation.

Unterscheidung zwischen Liebe und Mitgefühl

Liebe und Mitgefühl sind sich sehr ähnlich, und wir brauchen beide. Liebe ist einfacher als Mitgefühl, denn Liebe konzentriert sich auf das Gute, während Mitgefühl den Mut verlangt, vor Leid zu schützen. Liebe wünscht sich, dass es anderen gut geht, dass sie aufblühen und Wohlergehen, Freude, Gesundheit, Erfolg, Tugend und erfahren; alles, was wünschenswert und gut ist.

Mitgefühl hingegen konzentriert sich auf das weitverbreitete Leiden in dieser Welt und möchte es lindern, sowohl für uns selbst als auch für andere. Mitgefühl konzentriert sich auf die Sicherheit. Es sieht alle Arten von Leiden: körperliches, geistiges, emotionales, soziales und spirituelles. Mitgefühl ist bereit, sich mit Alter, Krankheit und Tod auseinanderzusetzen. Es sieht

Furcht, Angst, Depression, Einsamkeit und so weiter und ist eine der schönsten und tiefsten Fähigkeiten, die wir haben. In gewissem Sinne ist Mitgefühl ebenfalls sehr einfach: Wir begegnen Leid direkt oder indirekt und verspüren den Drang, es zu lindern.

Bei seiner Kultivierung können die Dinge jedoch komplexer werden. Wenn wir uns das Leiden in der Welt ansehen, kann es sich fast unerträglich anfühlen; wir können uns davon überwältigt fühlen. Der Anblick des Leidens kann auch Wunden und schöne Monster in unserem eigenen Geist triggern, die bei uns Bedrücktheit, Niedergeschlagenheit und sogar Depression auslösen. Wenn wir wiederholt Schmerz und Leid ausgesetzt sind, kann uns das immer weiter runterziehen. Das ist ein Grund, warum viele Krankenschwestern, Ärzte, Therapeuten, Sozialarbeiter und andere Menschen in helfenden Berufen einen Burnout erfahren. Dem Mitgefühl muss also immer ein Schuss Verständnis beigemischt sein, damit eine Person ihr Gleichgewicht bewahren kann.

Wir brauchen zum Beispiel realistische Erwartungen an uns selbst. Möglicherweise tun wir bereits, was wir können, haben aber immer noch das Gefühl, mehr tun zu müssen. Von uns selbst oder anderen zu erwarten, dass sie über ihre Fähigkeiten hinaus helfen, ist nicht klug. Einfach ausgedrückt: Wir können nicht mehr geben, als wir haben. Dennoch: Wenn wir die Fähigkeiten, die wir haben, nicht nutzen, ist das kein Mitgefühl. Wir brauchen einen Sinn für Ausgewogenheit zwischen dem, was wir gerne tun würden, und dem, was uns tatsächlich möglich ist.

Ein tiefes Verständnis für *Vergänglichkeit* – dass nichts fest und unveränderlich ist – kann uns außerdem dabei helfen, nicht von Mitgefühl überwältigt und heruntergezogen werden. Wie schlimm die Dinge auch sein mögen: Sie sind nicht von Dauer. Jeder Zustand wird sich zwangsläufig in etwas anderes verwandeln. Ein gutes Verständnis für *wechselseitige Abhängigkeit* kann ebenfalls sehr hilfreich sein. Alles ist eine Folge von Ursachen und Bedingungen; alles ist von vielen anderen Dingen abhängig. Was auch immer geschieht, ist auf einer grundlegenden Ebene nur eine vorübergehende Erscheinung, die durch das Zusammentreffen der erforderlichen Ursachen und Bedingungen entsteht. Dies einzusehen kann uns helfen, aus dem Spiel der Schuldzuweisungen und aus der Opfermentalität auszusteigen.

Bereitschaft zu leiden

Manchmal zögere ich, über echtes Mitgefühl zu sprechen. Es ist ausgesprochen wertvoll, aber auf dieser Welt gibt es auch viele Blender. Manchmal spreche ich von »kalifornischem Mitgefühl« – ich ziehe gerne Leute auf, die in Kalifornien leben, weil es dort so schön ist. Vielleicht habe ich mir die folgende Geschichte nur ausgedacht, vielleicht auch nicht: Eines Abends machte sich ein netter spiritueller Mann, der in Kalifornien lebte, bettfertig. Er zündete etwas Räucherwerk an und machte ein paar Minuten Mitgefühlsmeditation, bevor er unter seine weichen Bio-Laken kroch. Er wollte sich am nächsten Morgen auf der Arbeit frisch fühlen und gut aussehen; also freute er sich auf einen guten, erholsamen Schlaf. Doch dann klingelte das Telefon. Eine Freundin fühlte sich sehr krank und fragte, ob er sie ins Krankenhaus bringen könne. Er holte tief Luft. Ein Teil von ihm wollte eine hilfreiche Person sein, aber er wollte auch wirklich gut schlafen und sich am Morgen frisch fühlen. Der Wunsch nach guter Erholung siegte, und er entschuldigte sich mit beruhigender Stimme bei seiner Freundin und sagte, es sei ihm leider nicht möglich, aber er hoffe wirklich, dass sie jemanden fände, der sie hinfahren könne, und dass er außerdem hoffe, sie werde sich bald besser fühlen.

Als das Telefonat beendet war, kroch er zurück unter seine Bettdecke und versuchte einzuschlafen. Aber Schuldgefühle stiegen immer wieder in ihm auf, und er wälzte sich noch eine Weile hin und her. *Vielleicht hätte ich ihr helfen sollen … Ich würde mir wünschen, dass meine Freunde mir helfen, wenn ich krank wäre … Ich denke, ich könnte jetzt hingehen und nachsehen, ob es ihr gut geht …* Aber er wollte sich nicht anziehen, in die Nacht hinausfahren und dann dieses grelle Krankenhauslicht ertragen müssen. Nach einer Weile wurden die Schuldgefühle und sein innerer Zwiespalt jedoch so stark, dass er aufstand, seinen weichen Bio-Bademantel anzog und sich auf sein gemütliches Meditationskissen setzte. Er atmete tief ein und aus und schickte seiner Freundin Mitgefühl und Heilenergie. Nach einer Weile fühlte er sich besser und konnte einschlafen.

Auch wenn die Atemübung und seine Gebete also *scheinbar* mitfühlend waren, war es doch seine eigentliche Absicht, die eigenen Schuldgefühle zu beruhigen und schlafen zu können. Seine Motivation war sein persönliches Wohlbefinden. Das ist die Praxis von »kalifornischem Mitgefühl«.

Wir haben ein Recht darauf, Grenzen zu setzen und für uns selbst zu sorgen. Aber wir können das, was dieser Mann getan hat, nicht als »einen Akt des Mitgefühls« bezeichnen. Das wäre ungerecht gegenüber *echten* Akten von Mitgefühl. Wir können das, was er tat, »Selbstfürsorge« nennen – er kümmerte sich um sich selbst. Den Unterschied macht meiner Meinung nach die Bereitschaft zu leiden. Tieferes Mitgefühl beinhaltet die Bereitschaft, etwas Unbequemes anzunehmen, die Bereitschaft zu leiden, um anderen zu helfen. Das erfordert ein bisschen Courage. Was Liebe und Mitgefühl angeht, ist sie etwas sehr Wichtiges. Sie ist es, die uns aus einschränkenden Überzeugungen, emotionalen Mustern und Ängsten ausbrechen lässt. Wir mögen in der jeweiligen Situation leiden oder nicht leiden, aber Mitgefühl ist die

Bereitschaft zu leiden. Das Wohl der anderen wird uns wichtiger als die Vermeidung von Unbehagen für uns selbst. Dies ist etwas, womit es die meisten Eltern, insbesondere von kleinen Kindern, zu tun bekommen. Aber auch wir können diese Haltung einüben und die Saat des Mitgefühls in uns stärken.

Die Praxis

In der Praxis des Händeschüttelns lernen wir, die Verbindung zwischen unserem Geist und unserer Gefühlswelt zu heilen. Ein Resultat dieser Verbindung ist gute Kommunikation, die wir für die Heilung und Kultivierung unserer essenziellen Liebe nutzbar machen können. Gibt es hier eine gute Verbindung, dann können wir ein umfassendes und mitfühlendes Denken entwickeln, das unsere Gefühlswelt durchdringt und nach außen ausstrahlt. Wir können auch ein Gefühl haben und es dann mit unserem Denken aufwerten und ausweiten.

VERSUCHEN SIE FÜR EIN WEILCHEN FOLGENDES: Sitzen Sie bequem und lassen Sie sich in Ihrem Körper und Ihrer Gefühlswelt nieder. Versuchen Sie, sich mit dem grundlegenden Wohlbefinden der essenziellen Liebe zu verbinden. Denken Sie dann: *Wie wunderbar wäre es, wenn alle Wesen glücklich und in Sicherheit sein könnten, wenn sie gedeihen und das erhalten könnten, was sie sich wünschen.* Lassen Sie zu, dass dieser Gedanke Ihre Gefühlswelt durchdringt, und senden Sie ihn dann als ein Wunschgebet in alle Richtungen aus.

Geistesschulung

In meiner Tradition haben wir große Wertschätzung für die Praxis des Lojong, der Geistesschulung. Hier krempeln wir die Ärmel hoch und stellen unser Ego infrage. Dazu brauchen wir logisches Denken, Mut und Ausdauer. Schließlich ist unser Ego mit seiner Selbstbezogenheit und dem Tunnelblick der Hauptgrund dafür, dass unsere Liebe und unser Mitgefühl zugedeckt werden und in Voreingenommenheit und Vorurteile umschlagen. Wir beziehen uns hier nur auf das gewöhnliche »Ego«, das selbstbezogene Gefühl des »ich zuerst«, das dazu neigt, zwischen Selbstverherrlichung und Selbstabwertung hin- und herzuschwanken. Das Ego schätzt normalerweise *meine* Bedürfnisse und die Menschen und Dinge, die ich als *meine* betrachte, höher als die Bedürfnisse »der anderen«. Wir fassen diese Selbstverherrlichung oft zusammen mit der Formel »ich, mich und mein«. Ich stelle mir das gerne als ein Lied vor, das wir während eines großen Teils unseres Tages innerlich vor uns hin trällern: »Ich, ich, nur ich allein …«

Es gibt viele Arten der Geistesschulung, aber drei sind besonders hilfreich, um unserer Selbstsucht entgegenzuwirken. Und zwar die »Gleichsetzung von Ich und anderen«, der »Austausch von Ich und anderen« und »Andere mehr schätzen als sich selbst«. Die erste Art, die Gleichsetzung von Ich und anderen, beinhaltet die Kontemplation der grundlegenden Gleichheit von mir und anderen Wesen. Erinnern Sie sich daran, dass uns alle der Wunsch vereint, glücklich zu sein und nicht zu leiden. Es spielt keine Rolle, ob wir alt oder jung sind, reich oder arm, gebildet oder ungebildet. All unsere Unterschiede in Geschlecht, Rasse, Herkunft, sexuellen Vorlieben, Religion, Nationalität und ethnischer Zugehörigkeit werden auf dieser grundlegenden menschlichen Ebene egalisiert. Natürlich können diese Unterschiede auf anderen Ebenen sehr bedeutsam sein, aber all diesen unterschiedlichen Erfahrungen zum Trotz teilen wir im Grunde alle die gleiche existenzielle Plattform: Wir alle müssen uns Geburt, Alter, Krankheit und Tod stellen. Dies sind die Grundregeln des Lebens – wir sind alle Brüder und Schwestern in Geburt, Alter, Krankheit und Tod.

Die Gleichsetzung von Ich und anderen

Beginnen Sie damit, dass Sie eine bequeme Haltung einnehmen und sich bewusst entspannen. Kontemplieren Sie, dass Sie selbst tief im Inneren glücklich sein und nicht leiden wollen. Kontemplieren Sie dann, dass auch andere tief im Inneren glücklich sein und nicht leiden wollen. Bedenken Sie, dass Sie selbst und andere in dieser Hinsicht völlig gleich sind. Lassen Sie zu, dass alle auf der Oberflächenebene erscheinenden Unterschiede sich in der tiefen Erkenntnis der grundlegenden Gleichheit aller Lebewesen auflösen. Bedenken Sie, dass alle Wesen das Grundrecht haben, glücklich zu sein. Lassen Sie ein Gefühl tiefer Fürsorge und des Mitgefühls für alle Wesen in sich aufsteigen und dehnen Sie es nach außen aus, indem Sie ihnen alles Gute wünschen.

Der Austausch von Ich und anderen

Die zweite Geistesschulung ist der Austausch von Ich und anderen. Das ist so, als stellten Sie sich vor, ein paar Kilometer in den Schuhen eines anderen Menschen zu laufen. Sie versetzen sich in seine Lage, seine Gedankenwelt und sein Leben. Sie stellen sich seine Gefühle und Kämpfe vor. Je besser Sie ihn verstehen, desto mehr tragen Sie tatsächlich »seine Schuhe«. Wenn er Ihnen etwas Schlimmes antut, können Sie seine Probleme verstehen, woher diese kommen und warum er wütend ist. Wenn Sie das gut üben, ist es fast so, als würden Sie zu demjenigen. Wenn Sie seine Situation sehen, erkennen Sie die gegenseitige Abhängigkeit und verstehen seinen Zustand und dazugehörige Beweggründe mehr und mehr.

Je besser Sie die Situation anderer verstehen, desto mehr Mitgefühl und Einfühlungsvermögen empfinden Sie. Diese Geistesschulung kann uns auch helfen, schwierige Emotionen wie Stolz und Neid zu durchbrechen und abzubauen. Empfinden wir in einer bestimmten Situation *kein* Mitgefühl, so liegt das oft daran, dass wir die Situation nicht besonders gut verstehen.

Die Kehrseite des Austauschs von Ich und anderen ist, dass wir nicht so recht wissen, wem wir eigentlich die Schuld geben sollen. Die meisten Leben sind voller Leiden; das ist der Grund, warum sich ein Mensch schlecht verhält. Wir mögen mit seinen Handlungen nicht einverstanden sein, aber wir brauchen ihn deshalb nicht zu hassen. Wir können Mitgefühl empfinden, auch wenn wir definitiv nicht mit seinen Handlungen einverstanden sind. Sie entspringen der Unwissenheit; aber diese Unwissenheit entspringt nicht seiner Wahl – sie entzieht sich seiner Kontrolle. Wenn wir all das verinnerlichen, dann wird kein echter, massiver Hass aufkommen. Es kann eine kurze Verärgerung entstehen, aber kein dauerhafter Hass. Wir werden sehen, dass alles verletzende Verhalten aus Unwissenheit entsteht.

Das Ich und andere austauschen

Beginnen Sie damit, dass Sie sich bewusst entspannen. Führen Sie sich jemanden vor Augen, der sich in einer schwierigen Situation befindet. Versetzen Sie sich an seine Stelle. Stellen Sie sich vor, wie *Sie* sich fühlen würden. Stellen Sie sich die geistigen, emotionalen und körperlichen Kämpfe vor, mit denen Sie es in dieser Situation zu tun bekämen. Lassen Sie sich von tiefer Fürsorge und starkem Mitgefühl durchströmen. Weiten Sie diese Gefühle zuerst auf die andere Person aus und dann auf alle Lebewesen. Wiederholen Sie dies mit vielen anderen Personen in vielen unterschiedlichen Situationen. Dies ist besonders hilfreich, wenn jemand eine Herausforderung für Sie darstellt.

Andere mehr schätzen als sich selbst

Die dritte Geistesschulung heißt: Andere mehr wertschätzen als sich selbst. Dazu gehört, dass man darüber nachdenkt, wie viele »andere« es auf der Welt gibt und wie viele Ausgaben von Ihnen selbst. Es überrascht wohl kaum, dass dabei nur ein einziges »Ich« herauskommen wird, Milliarden anderer Menschen und unzählige weitere Lebewesen. Dann fragen wir uns: *Was ist wichtiger: das Glück eines einzigen Wesens oder das Glück unzähliger Wesen?* Wir betreiben diese Kontemplation, bis eine tiefe Fürsorge für andere in uns aufsteigt. Das hilft, verschiedene Arten von Selbstsucht und Egozentrik zu reduzieren.

Beginnen Sie damit, dass Sie sich in das Gewahrsein entspannen. Denken Sie darüber nach, wie viele Lebewesen es auf der Welt gibt, Menschen und Tiere, und wie viele Exemplare von Ihnen selbst. Stellen Sie sich die Frage: *Was ist wichtiger: das Glück eines einzigen Wesens oder das Glück zahlloser Wesen?* Denken Sie an all die Besorgnis und Fürsorge, die Sie für sich selbst empfinden. Stellen Sie sich vor, dass all das sich nach außen ausdehnt, statt nach innen gekehrt zu sein; dass es auf den Dienst an allen Lebewesen ausgerichtet ist.

Dankbarkeit

Machen Sie sich bewusst, inwiefern Ihr Körper das Produkt anderer ist. Sie wurden buchstäblich von anderen geschaffen. Jede Mahlzeit, jedes Glas Wasser, alles, was Sie aufrechterhalten hat, entsprang der Freundlichkeit anderer. Bedenken Sie, dass Sie ohne die anderen nicht existieren oder überleben könnten.

SAGEN SIE SICH: *Wie schön wäre es, wenn ich den anderen ihre Freundlichkeit entgelten könnte! Wie wunderbar wäre es, wenn mein Körper, mein Geist, meine Energie und all meine Bemühungen anderen zugutekämen! Möge alles, was ich tue, eine Ursache für das Glück und die Freiheit anderer sein!*

Das Händeschütteln und die Bekundung von Liebe

Häufig wird mir die Frage gestellt: »Wenn wir so vielen schönen Monstern, die Hände schütteln müssen, können wir dann überhaupt noch Mitgefühl zeigen und versuchen *anderen* zu helfen?«

Ja! Es ist definitiv okay, beides parallel zu tun. Solange wir uns unserer schönen Monster bewusst sind und weiterhin versuchen, uns mit der essenziellen Liebe zu verbinden, können wir auch fortfahren, anderen zu helfen. Es kann sein, dass wir ein bisschen mehr Vorsicht, ein bisschen mehr Achtsamkeit brauchen, um unschöne Nebenwirkungen zu vermeiden; wie zum Beispiel, dass unser Mitgefühl Gefühle von Hohlheit, Hass oder Rache auslöst. Die Straße mag gut oder schlecht sein, aber wir fahren trotzdem. Wenn die Straße holprig und voller Schlaglöcher ist, brauchen wir einfach mehr Aufmerksamkeit, mehr Sorgfalt.

Diese Praxis hat zwei grundlegende Teile: die Verbindung mit der essenziellen Liebe, wann immer wir sie als Grundlage brauchen, und die eigentlichen Übungen von Liebe und Mitgefühl. Idealerweise üben wir beides abwechselnd, sodass die essenzielle Liebe die Grundlage der anderen Meditationen ist. Immer wenn Sie sich nicht mit der essenziellen Liebe verbinden können, greifen Sie – bei allem was auftaucht – auf die Praxis des Händeschüttelns zurück. Diese Kontemplationen und Meditationen sind dazu gedacht, viele Male wiederholt zu werden.

Nehmen Sie wie zuvor sitzend oder liegend eine bequeme Haltung ein, mit geradem Rücken und so entspannt wie möglich. Beginnen Sie damit, Ihr Gewahrsein in den Körper fallen zu lassen. Lassen Sie zu, dass sich das verkörperte Gewahrsein für eine Weile auf Ihre Gefühlswelt ausdehnt. Versuchen Sie sich mit dem grundlegenden Okay-Sein, das der Gefühlswelt zugrunde liegt, zu verbinden. Versuchen Sie unter allem, was an der Oberfläche der Gefühlswelt geschieht, eine subtile Wärme oder ein Wohlbefinden zu spüren. Wenn Sie sich mit der essenziellen Liebe verbinden können, erlauben Sie ihr, Ihr ganzes Wesen zu durchdringen. Pflegen Sie Ihre Verbindung mit ihr. Wenn Sie sich nicht verbinden können, machen Sie sich keine Sorgen, sondern reichen Sie allem, was auch immer gerade geschieht, die Hand. Kommen Sie immer wieder darauf zurück.

Reflexion über Wesen, die Ihnen am Herzen liegen

Nehmen Sie wie zuvor eine bequeme Haltung ein und entspannen Sie sich in das Gewahrsein hinein. Vergegenwärtigen Sie sich eine Person oder ein Tier, für die Sie Liebe, Zärtlichkeit oder Zuneigung empfinden. Erlauben Sie diesen Gefühlen, sich zu entfalten und Ihre Gefühlswelt zu durchdringen. Dann lassen Sie zu, dass das Bild dieses Wesens sich auflöst, während die liebevollen Gefühle andauern. Versuchen Sie nun, diese Gefühle auf andere Wesen auszudehnen; zuerst auf einen Kreis von Wesen, die Ihnen nahestehen, dann auf zunehmend größere Kreise von mehr und mehr Wesen. Stellen Sie sich vor, wie wunderbar es wäre, starke Liebe, Mitgefühl und Zuneigung für alle Wesen zu empfinden, so wie Sie diese für das Ihnen nahestehende Wesen empfinden.

Reflexion über neutrale Wesen

Nehmen Sie wie zuvor eine bequeme Haltung ein und beginnen Sie mit der Entspannung. Denken Sie an einen Fremden oder ein »neutrales« Wesen; eine Person oder ein Tier, dem gegenüber Sie keine besonders positiven oder negativen Gefühle haben. Versuchen Sie dann, ein tiefes Gefühl der Zuneigung und Fürsorge für dieses Wesen zu erzeugen: »Mögest du glücklich sein. Mögest du in Frieden leben. Mögest du sicher sein. Möge es dir wohlergehen. Mögen all deine Wünsche in Erfüllung gehen.« Achten Sie darauf, wie es sich anfühlt, starke gute Wünsche für einen Fremden oder ein neutrales Wesen zu erzeugen. Vergegenwärtigen Sie sich dann all die unendlich vielen Fremden und neutralen Wesen auf der Welt und stellen Sie sich vor, wie wunderbar es wäre, tiefe Zuneigung, Fürsorge und Mitgefühl für alle diese Wesen zu haben.

Reflexion über schwierige Wesen

Nehmen sie eine angenehme Haltung ein und vergegenwärtigen Sie sich ein Wesen, das Ihnen Schwierigkeiten bereitet; jemanden den Sie nicht mögen; einen Feind oder jemanden, über den Sie sich ärgern. Kontemplieren Sie seine inneren Kämpfe, seine Situation und sein Leiden. Auch dieses Wesen wünscht sich wahrscheinlich, gut zu sein, sodass andere sich mit ihm wohlfühlen, ist aber von seinem eigenen Leidensdruck überwältigt. Versuchen Sie Fürsorge und Mitgefühl für dieses Wesen zu empfinden. Lassen Sie beides aufwallen und Ihre Gefühlswelt ausfüllen. Stellen Sie sich vor, wie wundervoll es wäre, diese Fürsorge und dieses Mitgefühl für alle schwierigen Wesen auf dieser Welt zu empfinden.

DANIEL GOLEMAN: DIE WISSENSCHAFT

Einmal hatten Tara und ich das Glück, ein paar Wochen mit Tsoknyi Rinpoche und einem seiner wichtigsten Lehrer, Adeu Rinpoche, verbringen zu können. Wir befanden uns auf der Insel Putuo Shan, die nicht weit von Shanghai entfernt dem chinesischen Festland vorgelagert ist.

Putuo Shan, so sagen die Tibeter, ist der Ort an dem die edle Tara, die Göttin des Mitgefühls, residiert. Der Potala-Palast in Lhasa, so wurde mir gesagt, soll seinen Namen von Putuo Shan haben. Für die Chinesen ist diese Insel der Wohnsitz von Guanyin, ihrer Version der Göttin des Mitgefühls. Putuo Shan ist seit Jahrhunderten ein Wallfahrtsort.

Als wir gerade dabei waren, unser Hotel zu verlassen, um nach Hause zu fahren, wurden wir von zwei tibetischen Mönchen angesprochen, von denen einer auf einer groben Krücke humpelte. Eines seiner Beine hatte eine schreckliche eitrige Wunde, und er brauchte Geld, um einen Chirurgen für die Amputation bezahlen zu können, damit er nicht an einer Infektion sterben musste. Der Mönch sagte, er brauche, wenn ich mich recht erinnere, etwa fünfzehnhundert Yuan, um genug für die Operation zu haben.

Ohne lange zu überlegen, nahm ich zwölfhundert Yuan aus meiner Brieftasche – fast das ganze Bargeld, das ich bei mir hatte – und gab sie ihm.

Der Gesichtsausdruck von Adeu Rinpoche verriet mir, dass er diesen Akt der Wohltätigkeit von Herzen guthieß.

Diese Erinnerung bringt mich wiederum auf einen Moment mit Anagarika Munindra, einem Lehrer der thailändischen Waldtradition, der in Bodhgaya, Indien, lebte, wo der Buddha Erleuchtung erfuhr. Munindra-ji stammte aus der bengalischen Barua-Kaste, einer Volksgruppe, die von sich sagt, schon zu Buddhas Zeiten buddhistisch geprägt gewesen zu sein. Als Munindra-ji sah, wie mein damals dreijähriger Sohn den Bettlern dort Geld gab, sagte er: »Sadhu, sadhu, sadhu«, und gab damit zu erkennen, dass er Zeuge einer lobenswerten Tat war. Wie er erklärte, kommt diese Art von Wohltätigkeit nicht nur dem Empfänger, sondern auch dem Geber zugute, der damit Großzügigkeit beweist. Großzügigkeit ist eine der Paramitas, der in der buddhistischen Tradition viel gepriesenen edlen Charaktereigenschaften.

Liebe oder ihre vielen Verzerrungen und Verwicklungen sind ein zentrales Thema in der zeitgenössischen Psychologie, insbesondere der Psychotherapie. Die Entwicklung von Kindern wird zum Beispiel mithilfe der »Bindungstheorie« betrachtet, die wiederum Muster von Sicherheit, ängstlicher Bindung oder emotionaler Vermeidung analysiert, welche sich in der Kindheit als Reaktion auf die Fähigkeiten – oder deren Fehlen – der Bezugspersonen des Kindes herausbilden. Liebevoll in diesem Sinne zu sein bedeutet, sich mit dem Kind zu verbinden und seine körperlichen und emotionalen Bedürfnisse zu befriedigen. Letztendlich bleiben diese emotionalen Muster bis ins Erwachsenenalter erhalten, wo sie sich in den Liebesbeziehungen einer Person wieder bemerkbar machen.

Doch über die Art von Liebe und Mitgefühl, die wir mithilfe der Übungen von Tsoknyi Rinpoche entwickeln können, hat die Psychologie wenig zu sagen. Erst mit dem Aufkommen der

Positiven Psychologie in den letzten Jahren hat dieser Zweig der Wissenschaft begonnen, das Mitgefühl zu erforschen. Bei einem Mind-and-Life-Treffen mit Wissenschaftlern im Jahre 2003 forderte der Dalai Lama Richard Davidson heraus, sein Hirnforschungsinstrumentarium für die Erforschung von Mitgefühl zu nutzen. Woraufhin Davidson im Jahr 2008 eine wissenschaftliche Arbeit veröffentlichte, in deren Titel tatsächlich das Wort Mitgefühl auftauchte.[18]

Der Dalai Lama hatte die Psychologen schon seit vielen Jahren dazu gedrängt, diese Art von ohne Anhaftung auskommender Liebe zu untersuchen. Bereits in den Achtzigerjahren äußerte er sich auf einer Konferenz mit Psychotherapeuten erstaunt darüber, von ihnen zu hören, dass es ein häufiges Problem von Menschen im Westen ist, selbstkritisch bis hin zum Selbsthass zu sein.[19] Im Tibetischen und in den klassischen Sprachen der buddhistischen Tradition – Pali und Sanskrit – könne man auch mit sich selbst Mitgefühl haben, in den Sprachen des Westens aber nur mit anderen. Er sagte, der Westen brauche ein neues Wort: Selbstmitgefühl. Das war Jahre bevor Kristin Neff, eine amerikanische Psychologin, ihre Forschungen über Selbstmitgefühl begann.

Wie ich in meinem Buch *Konzentriert euch! Eine Anleitung zum modernen Leben* dargelegt habe, erfordert ein wissenschaftliches Verständnis dessen, was hinter unseren mitfühlenden Handlungen steckt, zuerst einmal, dass wir um den Unterschied zwischen Empathie und Mitgefühl wissen. Aus der Forschung wissen wir, dass es drei Arten von Empathie gibt, die jeweils auf ihren eigenen neuronalen Schaltkreisen beruhen.[20]

Die erste der bekanntesten Arten von Empathie ist *kognitiv*. Hier weiß ich, wie Sie die Welt sehen. Ich verstehe Ihre Perspektive, kann die Dinge aus Ihrem Blickwinkel sehen, beherrsche sogar die Sprache, die Sie verwenden – technisch gesehen Ihre

»mentalen Modelle«. Deshalb kann ich Wörter verwenden, die Sie am besten verstehen. Kognitive Empathie lässt die Kommunikation reibungsloser verlaufen.

Die zweite Art der Empathie ist *emotional*: Ich weiß, was Sie fühlen, weil ich es ebenfalls fühle. Dieses Einfühlungsvermögen aktiviert neuronale Schaltkreise, die im Mittelpunkt des Interesses der affektiven Neurowissenschaft stehen. Sie untersucht, wie das Gehirn die Emotionen eines anderen Menschen aufnimmt und darauf reagiert. Emotionale Empathie kann zwar eine intensive Beziehung herstellen, sie kann aber auch zu sogenannter Empathie-Erschöpfung führen, einem Gefühl der Bestürzung über den Schmerz und das Leiden anderer.

Empathiestörungen sind zu einem weithin anerkannten Problem in Bereichen wie der Gesundheitsfürsorge geworden, wo zum Beispiel Krankenschwestern und -pfleger mit Patienten in Berührung kommen, die Schmerzen haben, wütend oder mit ihren Kräften am Ende sind und die Pflegekraft ebenfalls die Not der Patienten fühlt. Wenn die Pflegekraft Tag für Tag, Woche für Woche mit diesem Gefühl umgehen muss, kann das zu emotionaler Erschöpfung und Burn-out und zur Aufgabe des Berufes führen. Dieser Verlust von medizinischem Personal aufgrund von Empathieproblemen ist zu einem großen Dilemma in der Welt des Gesundheitswesens geworden.

Eine Art und Weise, wie Menschen mit der Belastung umgehen, ständig das Leiden anderer Menschen zu sehen, besteht darin, sich abzuwenden, diese Personen zu ignorieren oder eine innere psychische Distanz zu ihnen aufzubauen. Die erste Strategie, das Wegsehen, ist eine der schmerzhaftesten Erfahrungen, von denen Obdachlose berichten, wenn sie sagen, dass sie auf der Straße buchstäblich nicht gesehen werden. Der zweite Ansatz, die emotionale Distanzierung, plagt ganze Berufsstände aus dem Bereich der Gesundheitsfürsorge; oft geht hier das Personal mit der Not der Patienten dadurch um, dass es es eine psychische Distanz aufbaut, die wiederum das Witzemachen und Gleichgültigkeit fördert, aber die Fürsorge blockiert.

Dann gibt es da noch die Forschung darüber, wie Meditation unsere Fähigkeit zur Empathie verändert. Studien mit Langzeitmeditierenden am Gehirnlaboratorium der Universität von Wisconsin ergaben, dass bei ihnen – nachdem sie zuvor eine Mitgefühlsmeditation praktiziert hatten – die Amygdala und die damit verbundenen Schaltkreise stärker reagierten als bei Menschen, die nicht meditieren, wenn sie Bilder von Menschen in großer Not sahen – wie zum Beispiel ein Brandopfer, dessen Haut verbrannt war. Dies deutet darauf hin, dass ihre eigenen Schaltkreise für Notlagen sensibilisiert worden waren, sodass ihr emotionales Einfühlungsvermögen größer war.

Unsere Amygdala fungiert als Auffälligkeits-Detektor, der uns auf das hinweist, was gerade dringend der Zuwendung bedarf – zum Beispiel, wenn sich jemand anderes in großer Not befindet. Neben der Amygdala gibt es noch ein weiteres Gehirnareal, die Insula, das Botschaften an die Organe des Körpers sendet und sie drauf vorbereitet, auf einen Notfall zu reagieren.

Anstatt sich also abzuwenden, um ihre eigene Aufregung zu lindern, waren die Meditierenden eher bereit zu helfen. Was hier vor sich geht, wurde in einer Reihe von Studien am Max-Planck-Institut in Deutschland deutlich, bei der ein sehr erfahrener Meditierender, Matthieu Ricard, sein Gehirn scannen ließ, während er ebenfalls Fotos von Menschen sah, die sich in sehr belastenden Situationen befanden.

Als Ricard gebeten wurde, sich in diese leidenden Menschen einzufühlen, leuchtete sein eigener Schaltkreis für Schmerz auf. Aber als er dann aufgefordert wurde, sie mit Mitgefühl zu betrachten, aktivierte sein Gehirn Schaltkreise für positive Emotionen und das Gefühl der Nähe zu anderen.

Diese Fähigkeit, angesichts des Leidens eines anderen Menschen präsent zu sein, scheint ein dauerhafter Nutzen der Praxis zu sein. Sieben Jahre nachdem Freiwillige an einem dreimonatigen Meditationsretreat teilgenommen hatten, waren diejenigen, denen unmittelbar danach Bilder von leidenden Menschen gezeigt wurden, immer noch eher in der Lage, sich nicht abzuwenden, sondern solches Leiden mitzuerleben.

Die Forscher des Instituts folgten diesem Hinweis und warben anschließend Freiwillige an, die Mitgefühl als Reaktion auf das Leiden anderer Menschen kultivieren sollten; in einer weiteren Gruppe ging es dagegen darum, einfach Empathie mit diesen Menschen zu empfinden. Die trainierten Gruppen wiesen die bereits beschriebenen Gehirnmuster auf: Emotionale Empathie verstärkte ihre belastenden Gefühle, wenn sie mit Leiden konfrontiert wurden, während Mitgefühl sie verringerte.[21]

Die Kraft des Mitgefühls liegt in der dritten Variante der Empathie, die technisch als »empathische Sorge« bezeichnet wird. Diese Art von Empathie aktiviert einen ganz anderen neuronalen Schaltkreis des Gehirns als die anderen: den fürsorglichen Schaltkreis, den wir mit anderen Säugetieren gemeinsam haben – dies ist die Liebe der Eltern für ihr Kind. Dieser Schaltkreis wird aktiviert, wenn wir Liebe für jemanden empfinden – einen Partner, unsere Familie, unsere Freunde.

Um Rinpoches entsprechendes Beispiel aufzugreifen: Stellen Sie sich ein Elternteil vor, das mit einem kleinen Kind zu tun hat, das einen Wutanfall hat. Anstatt ärgerlich auf die Wut des Kindes zu reagieren, kann ein liebevolles Elternteil die Not des Kindes wahrnehmen und ihm bestimmt, aber auf freundliche Weise Grenzen setzen. Diese Kombination aus Präsenz und Fürsorge scheint trainierbar zu sein, wenn jemand sich darin übt, Mitgefühl zu kultivieren. Diese Schaltkreise werden stärker, selbst bei nur kurzzeitigen Episoden von Mitgefühlstraining.

Die hohe Empfänglichkeit angesichts des Leidens anderer in Kombination mit Fürsorge findet man auch bei einer ungewöhnlichen Gruppe: Menschen, die eine Niere spenden, um das Leben eines Fremden zu retten. Gehirnscans dieser Helden des Mitgefühls zeigen einen vergrößerten Bereich in ihrer Amygdala, der sie offenbar sensibler als andere Menschen für das Leiden eines anderen macht. Dieses Einfühlungsvermögen scheint zu ihrem Akt von herausragendem Altruismus zu führen.

Die Kultivierung von Mitgefühl hat positive Auswirkungen, die aber über eine Zunahme des Einfühlungsvermögens hinausgehen. Das Davidson-Labor an der Universität von Wisconsin hat zum Beispiel Versuchspersonen nach dem Zufallsprinzip in zwei Gruppen eingeteilt: eine Gruppe von Teilnehmern, die über die Ursache ihrer emotionalen Probleme nachdachte, und eine Gruppe, die Mitgefühl einübte. Danach erwies sich die mitfühlende Gruppe bei einem Test von Großzügigkeit als doppelt so großzügig wie die andere.[22]

Bereits zweieinhalb Stunden der Mitgefühlsübungen online führten zu ähnlichen Ergebnissen. Im Vergleich zu einer Gruppe von Freiwilligen, die die gleiche Zeit mit Dehnungsübungen verbrachten, waren diejenigen, die Mitgefühl kultiviert hatten, viel eher bereit, an eine Wohltätigkeitsorganisation zu spenden.[23]

Diese Vorteile scheinen spezifisch für die Kultivierung von Mitgefühl in welcher Form auch immer zu sein und nicht für andere Arten der Meditation. Wenn jemand zum Beispiel eine Meditation durchführt, die seine Meta-Bewusstheit für Gedanken und Gefühle schärft, dann werden die Schaltkreise für diese Art von Aufmerksamkeit stärker, nicht aber der Altruismus. Das Fazit: Wenn Sie gütiger und fürsorglicher werden wollen, üben Sie Mitgefühl. Zudem gibt es einen unerwarteten Bonus, wenn wir Mitgefühl empfinden: Die Glücksschaltkreise unseres Gehirns werden aktiviert, sodass derjenige, der Mitgefühl empfindet, sich gut dabei fühlt. Der Dalai Lama sagt oft: »Die erste Person, die von Mitgefühl profitiert, ist diejenige, die es fühlt.«

Selbst sehr kurze Zeitspannen von Mitgefühl scheinen das Gefühl der Verbundenheit mit anderen Menschen zu steigern; das Gehirn von Personen, die jahrelang Mitgefühl praktiziert haben, lässt sogar den Beginn von neuronalen Veränderungen erkennen. Wir verfügen offenbar über eine »biologische Bereitschaft« für Warmherzigkeit, die der Begabung für das Erlernen von Sprachen ähnelt. Je mehr Stunden jemand im Laufe seines Lebens die Kultivierung von Mitgefühl einübt, desto großzügiger und fürsorglicher scheint er zu werden.[24]

In vielen asiatischen Ländern verehren die Menschen Guanyin (Sanskrit: Avalokiteshvara; jap.: Kannon), eine Göttin des Mitgefühls. Ihr Name bedeutet so viel wie: »Die auf die Hilferufe der Welt hört und zur Hilfe kommt.« Ihr Äquivalent in Tibet ist die edle Tara.

SIEBEN

RUHIG UND KLAR

TSOKNYI RINPOCHE: DIE ERKLÄRUNG

Vor vielen Jahren lud mich Daniel zu einem frühen Abendessen in ein schickes Hotel in San Francisco ein. Ich war gerade aus Indien gekommen. Als ich das Hotel betrat, behandelte mich niemand wie einen Fremden. Wo ich herkomme, wird man von Kopf bis Fuß gemustert, sogar von den Kellnern. Das ist ein paar Minuten lang ziemlich unangenehm. Jeder starrt dich an. In meinem Land kann man das durchaus tun: Leute direkt anstarren. Wenn du dich dann hinsetzt, kommt ein Kellner, nimmt deine Bestellung auf, und dann ist er weg. Weg heißt verschwunden. Er nimmt deine Bestellung auf und geht dann wieder seiner Wege. Niemand schaut nach dir. Wenn du etwas anderes brauchst, musst du einen Kellner suchen; du musst schreien.

In San Francisco stellten sie nicht viele Fragen. Sie waren sehr ruhig und höflich, nicht auffällig, starrten nicht. Ich wollte mich gerade setzen, da rückte plötzlich jemand hinter mir einen Stuhl für mich zurecht. Ich schaute mich um, weil das alles neu für mich war. Ich sah keinen offensichtlichen Kellner – niemand lungerte herum. Aber sobald ich mich umsah, war jemand da: »Sir, brauchen Sie irgendetwas?« Sie rückten uns nicht auf die Pelle, aber irgendwie beobachteten sie uns aus der Ferne und nahmen uns aufmerksam wahr. Das war die zweite Überraschung.

Ich war schon neugierig, wie sie das Essen bringen würden. In Indien kommt das Essen oft etwas unordentlich, weil die Kellner sich gegenseitig anrempeln. Ich dachte: *Wie werden sie wohl das Essen servieren?* Es kamen drei Kellner, die elegant die Teller trugen. Sie rempelten sich nicht an und platzierten die Teller perfekt. Sie waren immer aufmerksam aufeinander. Sie waren so achtsam, dass ich dachte: *Wow. Ich habe viel über Achtsamkeitspraxis gelernt, aber hier wird sie praktiziert.*

Die Kellner zeigten eine Art panoramisches Gewahrsein und konzentrierte Achtsamkeit, nahmen also zugleich fokussiert und weit wahr. Der Fokus zeigte sich daran, dass sie die Suppe genau an die richtige Stelle auf den Tisch stellten; die Weite bestand darin, dass sie sich auch bewusst waren, wer hinter ihnen stand. Wäre ihre Aufmerksamkeit nur fokussiert gewesen, hätten sie die Suppe zwar richtig platzieren können, hätten aber den Überblick über das, was hinter ihnen geschah, verloren. Hätten sie nur panoramisch wahrgenommen, wären sie sich nur der Umgebung bewusst gewesen, hätten aber die Teller nicht genau platzieren können. Doch sie besaßen beides.

Wir könnten von dieser Art von Praxis allseits profitieren. Sie würde viele Probleme lösen. Manchmal stoßen wir tatsächlich gegen Dinge – aber meistens rempeln wir Situationen und andere Menschen an. Alltägliche Achtsamkeit hilft uns mit Schwierigkeiten umzugehen, die aus Unachtsamkeit entstehen.

Bisher haben wir viel Zeit damit verbracht, über den Körper und die Gefühlswelt zu sprechen. Wir sprachen über das Fallenlassen und das Entspannen in den Körper hinein, über Stress und Energie, über das Händeschütteln mit Gefühlen und Emotionen und über die Verbindung mit unserer ureigenen essenziellen Liebe, unserem grundlegenden Wohlbefinden. Jetzt ist es an der Zeit, über unseren Geist zu sprechen.

Der Geist ist natürlich das Hauptthema in der Meditation. Traditionell beginnt man mit der Betrachtung des Geistes; aber ich beginne gerne mit dem Körper, sodass wir uns durch die Gefühlswelt hindurch zum Geist vorarbeiten. Ich denke, das macht es weniger wahrscheinlich, dass wir unsere Gefühlswelt und unsere Emotionen übergehen. Mein Freund John Welwood war ein Therapeut, der über *Spiritual Bypassing* (spirituelle Umgehung oder Vermeidung) lehrte. Damit meinte er die Tendenz, spirituelle Ideen und Praktiken wie die Meditation zu verwenden, um ungelösten emotionalen Problemen, psychischen Wunden und unvollendeten Entwicklungsaufgaben auszuweichen oder sie zu vermeiden. Spirituelle Umgehung kann zu allen möglichen geistigen, emotionalen und sozialen Problemen führen – und sie funktioniert sowieso nicht. Deshalb ging es in den früheren Kapiteln darum, uns auf ehrliche und geerdete Weise mit unserem Körper und unserer Gefühlswelt zu verbinden. Jetzt müssen wir uns mit unserem Geist beschäftigen.

Um mit ihm arbeiten zu können, hilft es, zunächst ein wenig über sein Funktionieren zu verstehen. In der buddhistischen Tradition gibt es viele Möglichkeiten, den Geist zu beschreiben – tatsächlich gibt es Tausende von Seiten mit Kategorien und Erläuterungen, die zum Teil äußerst tiefgründig und präzise sind. Auf einige davon beziehe ich mich auch, wenn ich lehre. Aber ich glaube nicht, dass wir das alles wissen müssen, um mit dem Geist arbeiten zu können. Wir brauchen nur ein praktisches Modell, damit wir loslegen können.

Die vier Ausdrucksformen des Geistes

Es gibt zwar viele Modelle des Geistes, aber ich finde ein einfaches Modell, das auf traditionellen Vorstellungen beruht, am nützlichsten. Manchmal sind zu viele intellektuelle Konzepte nur im Weg. Im Grunde drückt sich der Geist auf vier Arten aus: Wissen, Denken, Klarheit und Gewahrsein oder Bewusstheit.

Wissen ist automatisch. Sobald wir etwas gelernt haben, wissen wir es unwillkürlich: Eine rote Blume ist sowohl rot als auch eine Blume. Die meiste Zeit müssen wir die Welt nicht neu lernen und neu analysieren. Dieses Wissen ereignet sich ständig unterbewusst, von selbst. Sogar wenn wir auf etwas ganz anderes konzentriert sind und zum Beispiel ein Flugzeug über uns hinwegfliegt, wissen wir automatisch, dass es ein Flugzeug ist. Das Geräusch ist mit einem bereits erlernten Begriff verbunden.

Denken ist ganz einfach; wir alle wissen, was Denken ist. Wir sind alle Experten darin; Millionen von Gedanken gehen uns täglich durch den Kopf. Doch es gibt einen wichtigen Unterschied zwischen dem bewussten Nachdenken über etwas und den Gedanken, die von selbst auftauchen. Manchmal befassen wir uns aktiv mit bewusstem Denken: Wir denken über etwas nach. Andere Male tauchen Gedanken einfach im Geist auf. In meiner Tradition betrachten wir Gedanken, die einfach von selbst auftauchen, als ein Sinnesobjekt wie ein Geräusch oder einen Geruch.

Beim Gewahrsein werden die Dinge subtiler. Achtsamkeit entsteht aus dem Gewahrsein. Achtsamkeit beinhaltet eine kleine Anstrengung des Bemerkens. Manchmal nenne ich es »doppeltes Wissen«. Wir wissen, dass wir etwas wissen. Wir kennen die Blume, aber wir können uns auch dessen bewusst sein, dass wir die Blume kennen. Achtsamkeit ist fast dasselbe wie Gewahrsein, aber Gewahrsein hat auch das Potenzial, entweder einen sehr genauen Fokus zu haben oder panoramisch zu sein. Wir alle besitzen Gewahrsein, aber es manifestiert das Potenzial der Bewusstheit nicht immer. Durch absichtliche Anstrengung wird die Achtsamkeit schließlich eins mit dem Gewahrsein. Wir werden diese Begriffe in diesem Kapitel synonym verwenden, weil sie sich so ähnlich sind.

Klarheit ist die einzigartige Qualität unseres Geistes, die ihn von anderen Phänomenen unterscheidet. Klarheit ist wie die Grundsubstanz des Geistes; sie ist das Rohmaterial, aus dem Wissen, Denken und Gewahrsein/Bewusstheit entstehen. Klarheit bedeutet hier etwas anderes als das, was wir normalerweise darunter verstehen: *Sie ist sehr klar und bestimmt* oder *Ihr Denken ist wirklich klar.* Klarheit ist vielmehr etwas Grundsätzlicheres, der grundlegende Hintergrund des Geistes – eine Qualität der Wachheit. Wenn wir das Rohmaterial des Geistes selbst betrachten, ist er nicht trübe und dunkel. Es hat eine Leuchtkraft oder Luminosität. Wegen dieser Klarheit können wir Schläfrigkeit und Dunkelheit überhaupt erst erleben. Ohne Klarheit könnten wir keine Schläfrigkeit, die Verdunklung der Klarheit, erleben. Meiner Tradition zufolge definiert die Einzigartigkeit der Klarheit den Geist. Vom Geist abgesehen besitzen andere Phänomene nicht diese grundlegende, leuchtende Klarheit.

Achtsames Gewahrsein

Das Hauptwerkzeug der Praxis ist achtsames Gewahrsein. Gewahrsein hat zwei Qualitäten: des anderen gewahr sein und seiner selbst gewahr sein. Des anderen gewahr zu sein bedeutet, der Objekte gewahr zu sein; sowohl der greifbaren Dinge, der Sinnesobjekte, als auch der immateriellen Dinge wie Gedanken und mentalen Zustände. Seiner selbst gewahr zu sein bedeutet, die eigenen Eigenschaften zu kennen. Für mich besteht der Zweck der Achtsamkeitspraxis darin, sich des Gewahrseins selbst bewusst zu werden.

Andernfalls könnten wir zwar immer noch die Fähigkeit zum Gewahrsein besitzen, aber wir sind uns dessen vielleicht nicht bewusst. Wir haben zum Beispiel eine Lesebrille, aber wenn wir nicht daran denken, sie aufzusetzen, dann hilft sie uns nicht.

Wenn wir uns unseres Gewahrseins nicht bewusst sind, besitzen wir es zwar immer noch, aber es nützt uns nichts. Ohne Achtsamkeit wird das Gewahrsein nicht Teil unseres Weges, denn obwohl es vorhanden ist, nutzen wir es nicht. Erst die Achtsamkeit ermöglicht uns also, unser intrinsisches Gewahrsein zu nutzen.

Wenn Achtsamkeit also wichtig ist, was genau ist sie und wie können wir sie trainieren? In der buddhistischen Welt wird Achtsamkeit in jeder Tradition gelehrt. Es gibt viele Beschreibungen und viele Definitionen von Achtsamkeit. In meiner Tradition wird Achtsamkeit gewöhnlich beschrieben als »Erinnern, Bemerken oder die Aufmerksamkeit immer und immer wieder auf etwas richten«. Das ist in gewisser Weise sehr einfach. Ein Schreiner achtet auf das Holz und sein Werkzeug. Ein Koch achtet, während er eine Mahlzeit zubereitet, auf die Temperatur, den Geschmack, die Konsistenz, den Zeitpunkt und so weiter. Wenn wir dieses und jenes tun, verwenden wir Achtsamkeit die ganze Zeit ganz natürlich. Aber was ist, wenn wir gerade nichts zu erledigen haben? Mit anderen Worten: Wie sieht es mit der Achtsamkeit an sich aus? Und wie können wir sie trainieren?

Traditionell sprechen wir von den *Vier Grundlagen der Achtsamkeit* – Achtsamkeit auf den Körper, Achtsamkeit auf die Gefühle/Empfindungen, Achtsamkeit auf den Geist und Achtsamkeit auf die Geistesobjekte wie Gedanken und Bilder. Dies sind die Bereiche, in denen wir Achtsamkeit aufbauen können. Achtsamkeit bedeutet, den Geist in einfacher, unabgelenkter Aufmerksamkeit zu schulen. Wir können mit allem beginnen – etwa der Bewegung unserer Beine beim Gehen – und können die Achtsamkeit dann ausbauen, bis sie alles umfängt, was wir erleben. Einfach formuliert bedeutet dies, dass wir mit Achtsamkeit immer präsenter werden, immer mehr dessen bewusst, was in uns und um uns herum geschieht. Die neue Gewohnheit der

Achtsamkeit tritt langsam an die Stelle der alten Gewohnheit, uns ablenken zu lassen oder uns in Gedanken über Vergangenheit und Zukunft zu verlieren.

Gedanken und Gefühle können eine Herausforderung sein; und Achtsamkeit hilft sehr dabei, Raum um sie herum und *in* ihnen zu gewinnen. Wenn Sie sich dessen bewusst sind, dass Sie wütend sind, sind Sie achtsam auf die Wut. Um das Beispiel meines Bruders Mingyur Rinpoche zu verwenden: Wenn du den Fluss sehen kannst, ertrinkst du nicht im Fluss. Anders ausgedrückt: Wenn du dir dessen bewusst bist, dass du abgelenkt bist, bist du nicht mehr abgelenkt. Irgendwann können wir uns der Achtsamkeit bewusst werden. Dann werden Achtsamkeit und Gewahrsein untrennbar voneinander: Achtsamkeit ist Gewahrsein, und Gewahrsein ist achtsam. Dann läuft unsere Praxis fast auf Autopilot. Von Zeit zu Zeit brauchen wir vielleicht Achtsamkeit, um unser Gewahrsein einzuschalten, und dann übernimmt das Gewahrsein wieder. An diesem Punkt brauchen wir nicht mehr an der Achtsamkeit festzuhalten, denn ihr Job wird vom Gewahrsein übernommen.

Wenn wir auf diese Weise Gewahrsein erreichen, werden wir viel entspannter. Unser Geist wird weiter, panoramischer und umfassender. Normalerweise ist Achtsamkeit enger und fokussiert: Achtsamkeit auf ein Objekt (sogar ein Gedanke kann ein Objekt dieser Achtsamkeit sein). Trotzdem müssen wir mit der Praxis von hier aus beginnen. Wenn wir uns dann dem Gewahrsein annähern, wird die Achtsamkeit weniger eng fokussiert, weniger objektorientiert. Die Krönung dieses Prozesses ist das immer häufigere Erleben einer uneingeschränkten luziden Offenheit. Die Schulung beginnt mit dem Engen und löst sich dann in das Weite auf. Zusammen mit dem Weiten gibt es noch Elemente des Engen, wie zum Beispiel die Präzision. Beim Unterrichten im Westen ist mir aufgefallen, dass Menschen denken können, sie hätten die Achtsamkeit verloren, wenn sie weit werden. Dann kommen sie aus der Weite heraus und werden wieder eng. Deshalb müssen wir wissen, dass sich jenseits der Achtsamkeit – das Gewahrsein findet.

Der Hirte, das Schaf und das Seil

Viele der Meditierenden in meiner Tradition kommen aus nomadischen Verhältnissen in Tibet, wo viele Menschen Schafhirten sind – die Cowboys der Hochebenen. Deshalb lieben sie Metaphern mit Vieh. Die Praxis des achtsamen Gewahrseins wird hier anhand eines altmodischen Beispiels von Schafen beschrieben, die mit einem Seil an einen Pfahl angebunden sind und von einem Schäfer bewacht werden. Unser Geist ist wie das Schaf. Achtsamkeit ist wie das Seil. Gewahrsein ist wie der Hirte. Unser Geist bleibt, wie ein Schaf, manchmal ruhig – und manchmal wird er unruhig und wandert umher. Das Seil ist ein direktes Mittel, das Schaf an einem Ort festzuhalten. Achtsamkeit auf den Atem, auf Empfindungen und so weiter ist wie ein Seil, das unseren Geist an eine Stütze bindet und seinem Umherstreifen eine Grenze setzt. Die Perspektive des Hirten ist mehr ein Rundblick, der die gesamte Situation entspannt im Auge behält, aber nicht auf die einzelnen Schritte eines bestimmten Schafes achtet. Gewahrsein ist panoramisch; es behält die Gesamtsituation auf entspannte und offene Weise im Blick.

Nachdem wir eine Gewohnheit des achtsamen Gewahrseins etabliert haben, ist der nächste Schritt die »Beruhigung und Konzentration« – die manchmal auch als »ruhiges Verweilen« oder »Ruhen in unabgelenkter Stille« bezeichnet wird. Dieser Schritt, der auf Sanskrit *Shamata* genannt wird (und *Shiney* auf Tibetisch), ist ebenfalls eine in allen buddhistischen Traditionen verbreitete und geliebte Praxis. Es gibt zwei Methoden: das »Verweilen mit einem Objekt« und das »Verweilen ohne ein Objekt«. Bei beiden geht es darum, ruhig und klar sowie unabgelenkt und geschmeidig zu werden. Diese Praxis nutzt Achtsamkeit, um unsere Aufmerksamkeit immer wieder auf das Objekt (zum Beispiel unseren Atem) zu lenken, bis unser Geist mehr und mehr einsgerichtet verweilt. Das braucht Zeit und Geduld, da wir nicht an diese Art der entspannten Konzentration gewöhnt sind.

In den bisherigen auf der Wahrnehmung des Körpers und der Gefühle basierenden Übungen haben wir auf eine weit offene und sämtliche Geschehnisse einladende Weise praktiziert. Mit Shamata lernen wir, Ja oder Nein zu Aspekten unserer Erfahrung zu sagen. Wir etablieren eine bestimmte »Sicht« oder gesammelte Anschauung der Dinge, eine Perspektive, die wir beibehalten. Wir sagen gewissermaßen Nein zur Ablenkung und Ja zu Verweilen und Sammlung. Wir bevorzugen immer wieder die Betrachtung eines ausgewählten Objekts anstelle von jedem anderen Objekt, mit dem unser Geist sich beschäftigen könnte.

Jetztheit

Das Verweilen ohne ein Objekt ist subtiler. Wir haben nicht einmal mehr ein Objekt als Anker, sondern verweilen einfach mit einem Gefühl der Jetztheit; einer Präsenz, in der wir geschehen lassen können, was auch immer geschieht, während wir des gegenwärtigen Moments unabgelenkt gewahr sind.

Die Sicht oder Perspektive, die wir hier kultivieren, ist klare, gedankenfreie Jetztheit. Sie ist klar, weil die grundlegende Klarheit des Geistes erkannt und aufrechterhalten wird. Sie ist gedankenfrei, weil die Praxis kein absichtlicher Akt des Grübelns oder aktiven Nachdenkens über etwas ist. Ein wichtiger Punkt ist, dass gedankenfrei hier nicht bedeutet, dass überhaupt keine Gedanken auftauchen werden. Es bedeutet vielmehr, dass die

Praxis selbst kein Akt des Denkens ist. Gedanken dürfen ganz natürlich auftauchen und ganz natürlich vergehen wie Geräusche oder wie Wolken am Himmel, wie Blasen auf der Wasseroberfläche. Aber die Sicht, die wir aufrechterhalten, ist kein diskursiver Gedanke. Sie ist einfach das natürlich klare, gedankenfreie Gewahrsein der Jetztheit. Gedanken können und werden als Teil des Gewahrseins auftauchen und sich wieder auflösen. Wir können diese Sicht mit oder ohne ein Objekt der Konzentration aufrechterhalten.

Denken Sie daran, dass es völlig normal ist, ständig abgelenkt zu werden, wenn wir anfangen, auf diese Weise mit dem Geist zu arbeiten. Wenn uns etwas ablenkt, müssen wir es nicht dramatisieren. Wir bringen unseren Geist einfach sanft wieder zurück zum Gewahrsein. Wir brauchen uns nicht zu verurteilen; wir brauchen keinen dieser Gedanken zu beenden. Sobald wir bemerken, dass wir abgelenkt sind, sind wir bereits wieder achtsam, also können wir den Geist einfach wieder zurückbringen. Wenn Gedanken auftauchen wie *Ich bin einfach ein schlechter Meditierender; vielleicht schaffen das andere Leute, aber ich bringe es einfach nicht fertig,* so müssen wir ihnen nicht glauben. Solche Gedanken sind normal, aber nicht wahr. Wenn Urteile auftauchen, Gefühle des Versagens oder der Wunsch aufzugeben, versuchen Sie ihnen die Hand zu reichen. Es ist in Ordnung, abwechselnd Händeschütteln und Verweilen zu üben. Vielleicht müssen wir den Geist hunderttausendmal zurückbringen. Wir schaffen eine neue Gewohnheit – das erfordert Fleiß, Geduld und Wiederholung.

Anfangs können wir vielleicht nur eine oder zwei Sekunden lang bei dem Objekt bleiben. Das ist normal. Langsam nimmt unsere Fähigkeit, sich nicht ablenken zu lassen, immer mehr zu. Irgendwann nähern wir uns der Erfahrung der »Einspitzigkeit des Geistes«, die auch »Einigung« genannt wird. Diese Schulung hat viele positive Auswirkungen, wie zum Beispiel Gelassenheit und Konzentration. Ein weiteres Ergebnis ist Geschmeidigkeit; was bedeutet, dass der Geist nicht mehr von zufällig auftretenden Gedanken, Empfindungen und Wahrnehmungen beherrscht wird. Er hat jetzt seine eigene Unabhängigkeit und Stabilität gefunden; er wird nicht mehr von anderen Faktoren dominiert. Wenn wir unseren Geist auf etwas richten wollen, können wir das. Wenn wir ihn auf etwas anderes richten und dort verweilen lassen wollen, können wir das ebenfalls. Unser wilder Geist ist gezähmt.

Hindernisse

Die Haupthindernisse für Beruhigung und Konzentration beziehungsweise Fokus sind Unruhe und Dumpfheit. Unruhe herrscht, wenn der Geist sehr unter Spannung steht. Er fühlt sich wild und quirlig an und wandert kreuz und quer. Er ist voll von Gedanken, die in die Vergangenheit und die Zukunft schießen, und wir spüren den Drang, vom Kissen aufzuspringen und tausend Dinge zu tun. Dies ist sehr verbreitet. Viele von uns haben einen schnelllebigen, hoch stimulierten Lebensstil. Unser Geist hat sich daran gewöhnt, und wenn wir uns hinsetzen, um auf unseren Atem zu achten und uns zu entspannen, kommt er nicht leicht zur Ruhe.

Das gegenteilige Hindernis, wenn der Geist *wenig* Energie hat, ist Dumpfheit. Er fühlt sich schläfrig und träge an, als hätte sich eine dicke Nebelschicht auf ihn gelegt. Wir möchten einschlafen oder uns betäuben, indem wir fernsehen. Dumpfheit ist ebenfalls sehr verbreitet. Wenn wir uns hinsetzen und versuchen, uns zu beruhigen und zu sammeln, nachdem wir eine Weile stark stimuliert und gestresst waren, verbleibt ein Rückstand von Müdigkeit im Geist, der sich als Dumpfheit und Schläfrigkeit äußert.

Die Stadien der Erfahrung, die wir in dieser Schulung durchlaufen, werden mit der Metapher eines Baches beschrieben, der aus dem Gebirge herabstürzt, bis er sich mit einem See vereinigt. Zuerst ist da ein Wasserfall am Berg, dann ein rauschender Bach, dann ein mäandernder, sanft fließender Fluss und schließlich ein ruhiger See. Diese Stadien spiegeln wider, wie unser Geist den Fluss der Gedankenbewegung während unserer Übung erfährt. Wenn wir beginnen, Achtsamkeit auf das Denken zu üben, können wir den Eindruck haben, dass die Geschäftigkeit des Geistes nur noch schlimmer geworden ist. Es scheint ein ständiger und überwältigender Ansturm von Gedanken zu herrschen. Das nennt man die *Wasserfall-Erfahrung.* Wir denken vielleicht: *Mein Geist war nicht so beschäftigt und wild, bevor ich angefangen habe zu meditieren. Das kann es nicht gewesen sein!* Tatsächlich ist es nicht schlimmer geworden; wir sind uns nur des Zustands bewusster geworden, der zuvor bereits vorherrschte. Die Wasserfall-Erfahrung ist also ein gutes Zeichen; sie bedeutet, dass wir tatsächlich beginnen, mit dem Geist zu arbeiten.

Nach einiger Zeit beginnt die Intensität des Gedankenflusses etwas abzunehmen. Er ist immer noch sehr hektisch, aber nicht mehr so überwältigend. Wir beginnen, manchmal etwas Raum zwischen den Gedanken zu erfahren. Das nennt man die »Erfahrung des rauschenden Baches«. Wenn wir fortfahren, mit unserem Geist zu arbeiten, wird er sich immer weiter beruhigen, langsamer werden, und es gibt mehr und mehr Raum zwischen unseren Gedanken. Dies ist die »Erfahrung des *mäandernden Flusses*«. Unser Geist ist an diesem Punkt schon ziemlich ruhig geworden. Wenn wir weiterüben, wird sich der Gedankenfluss schließlich wirklich stark verlangsamen, und wir werden anhaltende Erfahrungen der Stille machen: klare, gedankenfreie Jetztheit. Dies wird die »Erfahrung des ruhigen

Sees« genannt, die als Beginn der sogenannten Einspitzigkeit oder Einigung gilt. Zwar kennt nicht jedermann diese Erfahrung, aber jeder, der seinen Geist fleißig und ausdauernd trainiert, kann diese Ebene des Verweilens erfahren.

Einige praktische Tipps

Im Wesentlichen bilden wir die Gewohnheit heraus, ruhig und klar zu sein. Man könnte auch sagen, dass wir lernen, entspannt und gleichzeitig wachsam zu sein. Wenn wir uns zu entspannen beginnen, gleiten wir normalerweise in die Dumpfheit ab – etwa, wenn wir mit der Fernbedienung des Fernsehers in der Hand auf einer Couch fläzen oder am Strand sitzen und eindösen. Wenn wir wachsam sind, fühlen wir uns oft etwas angespannt, unruhig oder ängstlich. Wir sind nur selten gleichzeitig entspannt und wachsam. Vielleicht wissen wir nicht einmal, dass dies möglich ist. Diese neue Gewohnheit zu entwickeln erfordert Geduld. Die Grundregel lautet auch bei dieser Art der Meditation: Kurze Momente, viele Male. Wenn wir diese Qualität der Ruhe und Klarheit, der Entspannung und Wachsamkeit finden, hält sie meist nicht sehr lange an. Wir brauchen Qualität, nicht nur Quantität.

Viele Menschen stellen sich vor, dass ein »guter Meditierender« lange Zeit in vollkommener Ruhe dasitzt. Aber so sieht die Schulung tatsächlich nicht aus. Wenn wir über lange Zeiträume zu meditieren versuchen, verirren wir uns normalerweise recht schnell in Ablenkung und Dumpfheit. Es ist weitaus effektiver, über kurze Zeiträume mit höherer Qualität zu praktizieren, mit frischem, achtsamem Gewahrsein. Zum Beispiel ist es innerhalb einer zwanzig- oder dreißigminütigen Sitzung normalerweise effektiver, mehrere drei- bis fünfminütige Sitzungen zu praktizieren, mit einer kurzen Pause von etwa einer Minute dazwischen. Unsere Fähigkeit, frisch zu bleiben, wird mit der Zeit langsam und organisch zunehmen. Dies geschieht durch Wiederholung und Gewöhnung, nicht durch Willenskraft.

Ein weiterer wichtiger Punkt ist, ausgeglichen zu bleiben; nicht zu angespannt und nicht zu locker. Wenn wir zu verkrampft sind, verlieren wir unsere Ruhe und Entspannung. Wenn wir zu locker sind, lassen wir uns ablenken. Es ist wie das Stimmen einer Gitarre. Für den besten Klang sollten die Saiten genau die richtige Spannung haben: nicht zu fest und nicht zu locker. Das ist etwas, das wir im Lauf der Zeit selbst spüren. Wir müssen unsere Praxis viele, viele Male nachstimmen, um dieses natürliche Gleichgewicht zu finden.

Wenn wir achtsames Gewahrsein aufrechterhalten, werden Unruhe und Dumpfheit sicherlich von Zeit zu Zeit auftreten. Das ist keine persönliche Schwäche; es kommt bei ziemlich jedem Meditierenden vor. Wenn Sie unruhig sind, können Sie ein paar Maßnahmen ausprobieren und sehen, welche für Sie wirksam sind. Sie können zum Beispiel Ihren Körper entspannen und Ihren Blick senken. Wenn der Raum hell ist, versuchen Sie das Licht zu dimmen oder einige Vorhänge oder Jalousien zuzuziehen. Sie können versuchen, Ihre Beine oder Ihren ganzen Körper in einen Schal oder eine Decke einzuwickeln. Sie können auch eine kurze Pause einlegen und sich sanft dehnen, zum Beispiel mit Vorwärtsbeugen, und sich dann wieder der Praxis widmen.

Wenn Sie Dumpfheit spüren, können Sie sich etwas gerader hinsetzen, die Augen öffnen und den Blick heben. Sie können Schichten von Kleidung entfernen, ein Fenster öffnen, um frische Luft hereinzulassen, und das Licht heller machen, wenn das möglich ist. Sie können ebenfalls eine kurze Pause einlegen, aufstehen und sich schütteln, vielleicht ein paar Minuten herumlaufen und dann versuchen, wieder zu meditieren.

Achtsamkeit auf den Körper

Finden Sie eine angenehme Körperhaltung (auf dem Boden, auf einem Hocker oder auf dem Rücken liegend) mit gerader Wirbelsäule aber mit lockerem, entspanntem Körper. Beginnen Sie damit, dass Sie Ihren Geist entspannen, und seien Sie für einige Momente einfach nur präsent. Üben Sie das Fallenlassen des Gewahrseins in den Körper und seien Sie für einige Minuten in Ihrem Körper. Fühlen Sie die Erdung des Körpers, seine scheinbare Festigkeit. Wenn Sie auf ruhige und entspannte Weise ein gewisses Maß an Verwurzelung in Ihrem Körper spüren, lassen Sie Ihr Gewahrsein die natürliche Klarheit des Geistes bemerken.

Versuchen Sie im Körper geerdet zu bleiben, während Sie der Klarheit gewahr sind. Ihre Augen können offen oder geschlossen sein. Versuchen Sie den Zustand, gleichzeitig ruhig und klar, entspannt und wach zu sein, zu bemerken. Wann immer Sie bemerken, dass Ihr Geist abgeschweift ist, lassen Sie Ihre Achtsamkeit sanft zur Erdung des Körpers zurückkehren. Wenn Sie das Gefühl haben, dass Ihre Ruhe zu dumpf oder Ihre Klarheit zu erregt ist, regulieren Sie Ihre Achtsamkeit. Halten Sie sich an das Prinzip »Kurze Momente, viele Male«.

Achtsamkeit auf Empfindungen und Gefühle

Beginnen Sie wie zuvor, indem Sie Ihr Gewahrsein in den Körper fallen lassen und sich für eine kleine Weile entspannen. Lassen Sie Ihre Empfindungen und Gefühle von achtsamem Gewahrsein umgeben sein. Dazu gehören körperliche Empfindungen wie Wärme und Kühle sowie Gefühle wie Anspannung und

Lockerheit. Sie suchen keine bestimmten Empfindungen und Gefühle, sondern sind einfach nur achtsam und dessen gewahr, was gerade geschieht. Während Sie sich weiterhin entspannen und sich in Empfindungen und Gefühlen niederlassen, bemerken Sie die natürliche Klarheit, die es Ihnen erlaubt, die Gefühlswelt zu erfahren. Lassen Sie das achtsame Gewahrsein zugleich entspannt und wachsam sein. Wenn der Geist abschweift, nutzen Sie die Achtsamkeit auf Empfindungen und Gefühle, um ihn sanft zurückzuholen. Nutzen Sie auch wieder das Prinzip »Kurze Momente, viele Male«.

Achtsamkeit auf Gedanken und Emotionen

Beginnen Sie erneut mit dem Fallenlassen in den Körper und einer kleinen Weile der Entspannung. Dann erlauben Sie dem achtsamen Gewahrsein, das Auftauchen und die Auflösung von Gedanken und Emotionen zu bemerken. Gewöhnlich tragen Gedanken und Emotionen uns mittels ganzer Ketten nebensächlicher Gedanken und Reaktionen davon. Versuchen Sie frisch und präsent mit den auftauchenden Gedanken zu sein, ohne sich in sie zu verstricken. Es braucht eine feinfühlige Balance, um Gedanken und Emotionen zu beobachten, ohne uns in sie hineinziehen zu lassen. Sie kommen und gehen einfach, und wir bleiben ihrer gewahr, ohne zu reagieren. Wann immer der Geist abgelenkt wird, nutzen Sie die Achtsamkeit, um ihn sanft zurückzuholen. Versuchen Sie dabei *einfach* zu bleiben – seien Sie der Gedanken und Emotionen für kurze Perioden im gegenwärtigen Moment gewahr.

Wenn starke Urteile oder Reaktionen auftauchen, die derart »klebrig« sind, dass die Übung dadurch behindert wird, so praktizieren Sie für eine Weile das Händeschütteln – und zwar, indem Sie die Urteile oder Reaktionen in offenem, empfänglichem Gewahrsein halten, ohne Widerstand, ohne sie zu unterdrücken, darin zu schwelgen oder sie zu ignorieren. Seine Sie einfach ohne irgendeine Absicht für eine Weile mit den Emotionen und Reaktionen. Diese abwechselnde Übung des Händeschüttelns und der Achtsamkeit kann sehr hilfreich sein.

Wenn unser achtsames Gewahrsein stärker wird, können Gedanken und Emotionen zu Hilfsmitteln unserer Praxis werden, anstatt Hindernisse zu sein. Als Anfänger glauben wir oft, eine »gute« Meditation sei einfach nur eine friedliche Abwesenheit von störenden Gedanken und Emotionen. Mit der Zeit erkennen wir jedoch, dass diese Vorstellung von Frieden ziemlich begrenzt ist. Wir beginnen zu verstehen, dass Gedanken und Emotionen wie Wolken sind, die über den Himmel des Gewahrseins ziehen, und dass es unseren Geist stört, wenn wir gegen sie ankämpfen. Ein tieferer Friede findet sich im himmelsgleichen Gewahrsein selbst, dem es nichts ausmacht, ob Gedanken und Emotionen auftauchen oder nicht. Das ist genau der Punkt, an dem sich Gedanken und Emotionen als Hilfsmittel erweisen: Wir lassen uns nicht von ihnen stören und können sogar von ihnen lernen.

Beruhigung und Konzentration

Beginnen Sie wieder damit, dass Sie sich in den Körper fallen lassen und sich für eine kleine Weile entspannen. Lassen Sie zu, dass das achtsame Gewahrsein sich auf den *Atem* als Objekt richtet. Fangen Sie mit einem langen, tiefen Einatmen und einem langen, tiefen Ausatmen an, um die Atemwege zu öffnen. Dann atmen Sie natürlich und normal weiter. Es ist nicht nötig, die Atmung zu kontrollieren. Folgen Sie dem Einatem den ganzen Weg von außerhalb Ihres Körpers durch die Nasenlöcher, den Hals hinab bis in die Lunge. Spüren Sie die Empfindungen des Atems auf der ganzen Strecke. Nehmen Sie zur Kenntnis, wie der Körper sich anfühlt, wenn Sie voll eingeatmet haben.

Folgen Sie der Ausatmung von der Lunge aufwärts durch den Hals, durch die Nasenlöcher hinaus und in den Raum. Nehmen Sie die Empfindungen auf der ganzen Strecke zur Kenntnis. Bemerken Sie, wie der Körper sich anfühlt, wenn Sie voll ausgeatmet haben. Lassen zu, dass Ihr Gewahrsein sich entspannt, während es dem ein- und ausströmenden Atem folgt. Versuchen Sie dabei ausgeglichen zu bleiben – nicht zu angespannt und nicht zu locker. Erlauben Sie Ihrer Achtsamkeit dem Atem zu folgen, während Ihr Gewahrsein den Geist selbst wahrnimmt, wie er sich in Ruhe und Klarheit, Entspannung und Wachheit niederlässt. Halten Sie sich erneut an das Prinzip »Kurze Momente, viele Male«.

Beruhigung ohne Stütze

Beginnen Sie wie zuvor, indem Sie sich in den Körper fallen lassen und sich für eine kleine Weile entspannen. Verbinden Sie sich mit der Ruhe und der entspannten Qualität des Gewahrseins. Dann öffnen Sie sanft die Augen und bemerken die natürliche Klarheit des Geistes. Lassen Sie Ihren Blick weich und offen sein; nicht starr auf irgendein Objekt in Ihrem Gesichtsfeld gerichtet. Versuchen Sie sich in der Jetztheit, dem gegenwärtigen Augenblick, niederzulassen, ohne sich auf ein Objekt zu fokussieren.

Im gegenwärtigen Moment werden verschiedene Empfindungen, Gedanken und Wahrnehmungen kommen und gehen.

Seien Sie dieses Kommens und Gehens einfach nur gewahr, ohne sich hineinziehen zu lassen, ohne darauf zu reagieren. Lassen Sie diese vorübergehenden Eindrücke wie Wolken sein, die über den Himmel ziehen. Versuchen Sie die Sicht klarer, gedankenfreier Jetztheit zu etablieren. Zuerst wird diese jeweils nur für einige Momente anhalten, bevor Ihr Geist wieder abgelenkt wird. Sobald Sie merken, dass das der Fall ist, bringen Sie den Geist sanft in die Jetztheit zurück. Frische ist für diese Praxis besonders wichtig. Erfahren Sie solche kurzen Momente viele Male. Seien Sie einfach in der Jetztheit präsent – ruhig und klar, entspannt und wach. Bemerken Sie die panoramische Qualität des Gewahrseins: entspannte Offenheit, klar und natürlich ruhig.

DANIEL GOLEMAN: DIE WISSENSCHAFT

Ich hatte bereits seit vielen Jahren meditiert und hatte erwartet, dass im Lauf der Zeit immer weniger störende Gedanken während meiner Meditation auftauchen würden. Aber die Gedanken kamen einfach immer wieder hoch. Da waren sie wieder! Jedes Mal! *Vielleicht bin ich einfach nicht gut in so was,* dachte ich. Dann kam ein Moment der Achtsamkeit – das heißt, eher so etwas wie: *Verdammt! Noch ein Gedanke!* Doch dann begann ich, mich in der meditativen Tradition zu schulen, die Tsoknyi Rinpoche praktiziert, und ich wurde daran erinnert, dass nicht die Gedanken selbst problematisch sind, sondern unsere *Beziehung* zu ihnen. Wenn wir achtsam sind, können wir die Gedanken loslassen, ohne uns in sie zu verstricken.

Eine der größten Hilfen für mich bei dieser Veränderung der Betrachtung meiner Gedanken war, als Rinpoche sagte: »Lass die Achtsamkeit auf der Hut sein!« Diese Ermahnung ist eine Zeile aus einem spontanen Gedicht des ersten Lamas, der ebenfalls den Namen Tsoknyi Rinpoche trug und der die nach ihm benannte Übertragungslinie begründete. Dieser Ratschlag, so wurde mir klar, traf für meine ganze Meditationspraxis zu; von den Anfängen vor Jahrzehnten bis in die Gegenwart.

Als ich in meiner Studienzeit zu meditieren begann, benutzte ich ein Mantra als Fokus für meine Praxis. Mein Geist schweifte unweigerlich ab und löste einen Gedankengang aus; und irgendwann merkte ich, dass er abgewandert war, und lenkte meine Aufmerksamkeit zurück auf das Mantra. Jedes Mal, wenn ich bemerkte, dass mein Geist abgewandert war, war dies also ein Moment der Achtsamkeit. Wobei diese Art der Achtsamkeit ein Nebeneffekt war, eine Hilfe, um mit einspitzigem Geist bei dem Mantra zu bleiben.

Als ich später die Einsichtsmeditation im Theravada-Stil erlernte, war Achtsamkeit ein ausdrücklicher Teil der Praxis. Ich beobachtete meinen Atem, genau wie ich früher meine Aufmerksamkeit auf das Mantra gerichtet hatte; und wenn mein Geist abschweifte und ich bemerkte, dass er abgeschweift war, lenkte ich meine Aufmerksamkeit wieder auf den Atem. Das war die Hauptanweisung für den Anfang. Und wieder war dieses Bemerken ein Moment der Achtsamkeit.

In einem späteren Stadium bestand die Anweisung zur Einsicht darin, Gedanken oder Gefühle kommen und gehen zu lassen, ohne sich von ihnen mitreißen zu lassen. Hier war die Achtsamkeit wiederum *auf der Hut*, um zu bemerken, wenn mein Geist von einem Gedankenstrom mitgerissen wurde.

Noch später wandte ich mich dann der tibetischen Praxis zu – zunächst unter der Führung von Tsoknyis Vater, Tulku Urgyen Rinpoche, und dann, nach dessen Tod, unter seinen Söhnen Chökyi Nyima, Chokling und Mingyur (alle drei Rinpoches), und natürlich Tsoknyi Rinpoche. Hier wird Achtsamkeit in etwas ganz anderes verwandelt. Anstatt sich besonders darum zu bemühen, achtsam zu sein, entsteht dieses Scannen hier aus dem Ruhen im Gewahrsein selbst.

Die wissenschaftlichen Erkenntnisse zu jeder dieser Meditationspraktiken sind inzwischen recht solide. In den Siebzigerjahren, als ich anfing zu erforschen, wie Meditation uns hilft, uns von Stress zu erholen, waren sie noch ziemlich mager. Heutzutage werden jährlich mehr als tausend von Experten begutachtete

Studien über Meditation im Allgemeinen (und Achtsamkeit im Besonderen) veröffentlicht. Unlängst habe ich zusammen mit meinem alten Freund Richard Davidson ein Buch verfasst, in dem die wichtigsten Ergebnisse dieser Forschung zusammengefasst werden.[25]

Die Achtsamkeit auf den Atem, so stellte sich heraus, scheint die Meditationsmethode zu sein, die am häufigsten von Forschern untersucht wird. Fundierte Untersuchungen haben zu einer langen Liste von Vorteilen dieser einfachen Art und Weise geführt, nach der man sich auf den natürlichen Fluss des Ein- und Ausatmens einstimmt und die Empfindungen beobachtet, ohne zu versuchen, die Atmung in irgendeiner Weise zu kontrollieren.

Die deutlichsten Ergebnisse, zu denen wiederholte wissenschaftliche Studien immer wieder geführt haben, besagen, dass das bloße Beobachten des Atems, bei dem man andere Gedanken kommen und gehen lässt (Betonung auf *gehen*), eine tief entspannende Wirkung hat. Menschen, die Achtsamkeit auf den Atem praktizieren, werden in ihrem Alltag entspannter und erholen sich schneller von Aufregung als Nichtmeditierende. Die Methode scheint die Amygdala zu beruhigen, sodass seltener eine Kampf-oder-Flucht-Reaktion ausgelöst wird.

Je mehr Zeit Sie im Laufe der Jahre auf die Übung dieser Achtsamkeitsmethode verwenden, desto weniger reaktiv werden Sie; beunruhigende Ereignisse triggern viel seltener einen aufgebrachten Zustand. Und wenn ein solcher ausgelöst wird, regen Sie sich weniger stark auf. Nicht zu vergessen der vielleicht größte Vorteil dieser Art von Beruhigung: Sie erholen sich schneller als früher. Wie erwähnt, wird die Geschwindigkeit, mit der man sich von der Aufregung hin zur Ruhe erholt, in der Psychologie Resilienz genannt: Je schneller Sie sich erholen, desto resilienter sind Sie.

Die Fähigkeit, achtsam bei Ihrem Atem zu verweilen, hat aber noch weitere Vorteile. Eine Studie der Stanford Universität zum Beispiel hat gezeigt, dass man, wenn man sich auf ein wichtiges Projekt konzentriert und die Arbeit daran dann unterbricht, um eine SMS oder eine Mail zu beantworten und schließlich im Internet zu surfen, nach Rückkehr zu dem Projekt deutlich weniger konzentriert ist. Es dauert einige Zeit, bis man die Konzentration wieder auf das vorherige Niveau hochfahren kann. Es sei denn, man hat an diesem Tag ein paarmal zehn Minuten lang auf den Atem geachtet – dann besteht nach diesem »Multitasking« kaum oder gar kein Konzentrationsverlust.

Ein weiterer Bonus wurde an der University of California in Santa Barbara gefunden, als eine nach dem Zufallsprinzip ausgewählte Gruppe von Studenten Achtsamkeit auf den Atem lernte. Wer aus dieser Gruppe nun in dem Alter war, die Aufnahmeprüfung für die Graduiertenschule abzulegen, schnitt dabei deutlich besser ab als Probanten der Kontrollgruppe. Die Achtsamkeitspraxis scheint hier das Arbeitsgedächtnis verbessert zu haben, jenen Aspekt des Gedächtnisses, der für das Behalten von Gelerntem wesentlich ist.

Andererseits möchte ich denjenigen, die gerade erst mit dieser Art von Meditationspraxis beginnen, auch von meiner Seite aus den Rat geben: Wenn Menschen mit der Meditation beginnen, klagen sie oft darüber, dass ihr Geist ständig abschweift. Manche kommen sogar zu dem Schluss, dass sie überhaupt nicht praktizieren können – ihr Geist sei zu ungezügelt. Genauso, wie das auch mir passiert ist. Eigentlich kann das ein gutes Zeichen sein: Wenn wir anfangen, auf das Kommen und Gehen unseres Geistes zu achten – das heißt wenn wir beginnen achtsam zu werden –, dann sehen wir, wie abgelenkt unser Geist normalerweise ist. Dies ist ein erster Schritt dazu, achtsamer zu werden und den wandernden Geist zu zähmen. Ein Schlüssel ist, sich daran zu erinnern, die Gedanken loszulassen, wenn sie auftauchen, anstatt einfach einer Kette von Assoziationen zu folgen.

Ein weiterer Vorteil der Meditation – größere Klarheit – wurde bei einer Gruppe entdeckt, die während eines dreimonatigen Retreats täglich sechs oder mehr Stunden praktizierte.[26] Sie übten Achtsamkeit auf den Atem (sowie die Kultivierung von Zuständen wie Liebende Güte und Gleichmut). Zu verschiedenen Zeitpunkten während des Retreats und danach durchliefen sie einen Test, bei dem sie in sehr schneller Abfolge Linien von unterschiedlicher Länge gezeigt bekamen. Ihre Aufgabe: einen Knopf drücken, wenn sie eine Linie sahen, die kürzer war als die anderen (etwa eine von zehn war kürzer). Die Herausforderung bestand darin, dem Impuls zu widerstehen, den Knopf für »kurz« zu drücken, obwohl man gerade eine lange Linie gesehen hatte. Aber im Laufe des Retreats wurden die Meditierenden besser und besser in dieser eher banalen Impulshemmung. Und dies ging einher mit dem Gefühl einer verminderten Angst, einem allgemeinen Wohlbefinden und einer schnelleren Erholung von der Aufregung. Wobei das aufschlussreichste Ergebnis vielleicht das ist, dass diese Verbesserungen noch für Monate nach dem Retreat anhielten.

Es gibt hier eine »Dosis-Wirkung-Dynamik«: Je mehr man übt, desto größer sind die Vorteile. Dies wurde wissenschaftlich auf verschiedene Weise nachgewiesen. Zum Beispiel haben erfahrene Vipassana- oder Einsichtsmeditierende einen ganzen Tag lang meditiert und sich dann am nächsten Tag einem Stresstest unterzogen.[27] Dabei zeigte sich bei ihnen, im Vergleich zu einer Gruppe, die nicht meditiert hatte, eine geringere Zunahme des entscheidenden Stresshormons Cortisol.

Und als bei den gleichen erfahrenen Meditierenden das Gehirn gescannt wurde, während sie beunruhigende Bilder sahen, wiesen sie eine geringere Reaktivität der Amygdala auf. Diese verringerte Reaktivität war auf eine stärkere Verbindung zwischen der Amygdala und dem präfrontalen Kortex, der emotionale Reaktionen steuert, zurückzuführen. Menschen, die erst begonnen hatten, die Achtsamkeit auf den Atem zu praktizieren, wiesen nicht die verstärkte Verbindung oder eine verringerte Reaktivität auf. Aber fortgesetzte Praxis scheint diese Verbindung zu verstärken und die emotionale Reaktivität auf Stress zu verringern. Denn als diese erfahrenen Meditierenden dahin gehend verglichen wurden, wie viel Lebenszeit sie in die Meditation investiert hatten, zeigte sich deutlich, dass die Amygdala der besonders erfahrenen Versuchspersonen sich schneller von Stress erholte.

Und dann ist da noch ein Ergebnis, das den Vorhersagen von Experten der DNA-Forschung widersprach. Genomiker dachten, Veränderungen in unserer DNA könnten zwar aufgrund von Umwelteinflüssen und sogar der Ernährung auftreten, aber nicht durch eine geistige Übung wie Meditation. Falsch gedacht!

Die Erkenntnis, dass Meditation einen aktiven Einfluss auf unsere Gene hat, wurde vor der Durchführung der Studie von einem Genomexperten als naive Idee abgetan. Doch dann ließ die Davidson-Gruppe Langzeitmeditierende einen ganzen Tag lang meditieren und untersuchte ihre genetische Aktivität vor und nach diesem Tag.

Ein wenig Hintergrundwissen: Ihnen ist vielleicht bekannt, dass es nicht die Gene in unserem Körper an sich sind, die bestimmen, was mit uns biologisch geschieht, sondern vielmehr, ob sie sich einschalten; das heißt, ob sie sich »ausdrücken«, wie es in der Sprache der Genetiker heißt. Die in dieser Studie untersuchten Gene waren alle für Aspekte der Entzündungsreaktion des Körpers verantwortlich. Wenn solche Gene über Jahre hinweg aktiv sind, sind wir anfällig für Krankheiten wie Arthritis, Diabetes, Herz-Kreislauf-Probleme und eine Vielzahl anderer

Krankheiten, bei denen chronische Entzündungen auf niedrigem Niveau zu den Ursachen beitragen.

Wir sind besser dran, wenn wir diese Entzündungsgene »herunterregulieren«, das heißt sie ausschalten können. Das ist genau das, was die Davidson-Gruppe bei diesen Langzeit-Vipassana-Praktizierenden nach acht Stunden Meditation feststellte (die durchschnittliche Anzahl der von ihnen im Laufe ihres Lebens absolvierten Übungsstunden lag im Bereich von sechstausend). Die »naive« Vermutung, dass Meditation einen Einfluss auf unsere DNA haben kann, erwies sich also als zutreffend.

Auch mehrere andere Studien haben positive Auswirkungen von Meditation auf unsere Gene bestätigt.[28] So wiesen zum Beispiel Anfänger in der Achtsamkeitsmeditation eine geringere Aktivität von Entzündungsgenen sowie verringerte Gefühle der Einsamkeit auf. Einsamkeitsgefühle, so stellte sich heraus, verstärken die Aktivität dieser Gene und machen den Körper anfälliger für Entzündungen.

Wenn Ihnen also andere Leute sagen, Sie würden Ihre Zeit mit Meditation verschwenden, wo Sie doch etwas Sinnvolles damit anfangen könnten, dann erwidern Sie ihnen einfach, dass Sie ein mentales Training absolvieren. Es ist wie ein Besuch im Fitnessstudio, nur für Ihren Geist.

ACHT

EIN TIEFERER BLICK NACH INNEN

TSOKNYI RINPOCHE: DIE ERKLÄRUNG

Wenn unser Geist sich in Klarheit gründet und wir feststellen, dass wir dies immer öfter erreichen können, denken wir vielleicht, dass dies das Ende unseres Weges sei. *Ich habe bekommen, was ich von der Meditation erwartet habe.*

Sicherlich ist es wahr, dass wir etwas Wertvolles erhalten haben: Unser Geist ist nicht mehr aufgewühlt und zerstreut, und wir sind ruhiger und klarer. Aber eigentlich haben wir gerade erst begonnen, das innere Potenzial unseres Geistes zu aktivieren. So wie wir die essenzielle Liebe nutzen können, um unsere Gefühlswelt zu heilen und unsere Beziehungen zu *gesunden* Beziehungen zu machen, können wir mehr Ruhe und Klarheit nutzen, um unsere Einsicht zu schärfen, indem wir Vipassana üben. Vipassana bedeutet so viel wie »tiefe Schau« oder »Einsicht« und ist eine reiche und beliebte Tradition in allen Formen des Buddhismus.

Ruhe und Einsicht arbeiten bei dieser Selbsterforschung zusammen. Was die transformative Fähigkeit beider Faktoren angeht, können wir eine Analogie verwenden: das Zurückschneiden von Unkraut gegenüber dem vollständigen Jäten. Ruhe ist wie das Zurückschneiden; Einsicht ist so, als würde man die Pflanzen komplett mitsamt den Wurzeln ausreißen. Ein zeitweiliger Zustand der Ruhe (das Zurückschneiden des Unkrauts) ist nicht nachhaltig, denn unter bestimmten Bedingungen kann unser

Geist zurückfallen in Verwirrung, Aufruhr und krank machende Emotionen. Mit der Ruhe haben wir ein wertvolles Werkzeug gefunden, das aber nicht für die Beseitigung der zugrunde liegenden Ursachen geeignet ist. Dafür brauchen wir ein tieferes Verständnis.

In meiner Tradition ist das Schlüsselthema in der Einsichtspraxis das »Verstehen der Verdinglichung« – der Tendenz, die Dinge konkreter oder realer zu machen, als sie von Natur aus sind. Ich verwende den Begriff Verdinglichung im Sinne von Verfestigung – den Dingen eine solide, feste Realität zuschreiben. Was verdinglichen wir? Alles! Wenn unser Verstand verdinglicht, wird alles, was wir erleben, durch diese Brille gesehen. Verdinglichen ist wie der Glaube, dass ein Traum real ist. Wenn wir glauben, dass unsere Träume real sind, dann können wir begeistert auf süße Träume reagieren und erschreckt und beunruhigt auf schlechte Träume. Dasselbe tun wir tagsüber mit unseren Erinnerungen, Gedanken und Fantasien. Wir verdinglichen unsere Wahrnehmungen automatisch, indem wir ein »Ich« als Subjekt erfahren; und das, was in der Welt um uns herum ist (oder in uns, wie bei unseren Gedanken) als Objekt. Diese Gewohnheit der Verdinglichung hat sich zu der Neigung verfestigt, die Dinge tief in unserem Inneren zu fixieren. Das Problem dabei ist: Verdinglichung führt zu geistiger und körperlicher Verkrampfung. Und dies bereitet den Boden für Probleme wie zunehmende Angst, Furcht, Sturheit, Schwerfälligkeit, Unflexibilität, unkontrollierbare Stimmungen, neurotisches Denken und so weiter. Verkrampfung zerstört unsere Freude und Verspieltheit, unseren Fluss. Alles wird ein bisschen zu ernst, eine große Sache. Je mehr wir verdinglichen, desto schwerer fällt es uns, uns zu entspannen, über uns selbst zu lachen, offen zu sein. Deshalb ist es hilfreich, uns selbst und die Welt auf weniger verdinglichte Art und Weise zu erfahren.

Vor allem verdinglichen wir unsere Ich-Empfindung. Einige meiner Freunde sind besessen von Essen, Natur, Kunst oder Sport, aber in meiner Tradition sind wir besessen von unserem Ich. Wir denken darüber nach, studieren es, meditieren darüber. Sie mögen fragen: *Warum sind Sie so besessen von Ihrem Ich? Es ist einfach da; also finden Sie sich damit ab!*

Nun, die Verdinglichung des Ichs und das ungesunde Festhalten an ihm führt zu einer Menge unnötigen Leidens. Andererseits ist sie nur eine Gewohnheit, eine hartnäckige Gewohnheit mit einer langen Geschichte. Die gute Nachricht ist, dass sie, wie jede Gewohnheit, geändert werden kann.

Natürlich hat jeder von uns einen einzigartigen Bewusstseinsstrom. Mein Körper ist nicht derselbe wie Ihr Körper. Meine Erinnerungen und Gedanken sind nicht dieselben wie Ihre Erinnerungen und Gedanken. Die Probleme beginnen, wenn die verdinglichende Tendenz sich auf ein starkes Gefühl von Besitz und Identifikation versteift. *Ich* und *mein* werden dann sehr wichtig. Menschen und Dinge werden nicht danach bewertet, was sie sind, sondern danach, wie sie *mir* helfen können, was sie *mir* verschaffen können. Das Ich wird zum Zentrum vieler Hoffnungen und Ängste, von viel Festhalten, von vielen unrealistischen Erwartungen – an uns selbst und an andere. Dann wird die ganze Angelegenheit zunehmend ungesund. Je stärker wir an unserem Ich festhalten, desto stärker werden Emotionen wie Wut, Eifersucht, Angst und Stolz.

Unsere Gewohnheit, das Ich zu verdinglichen, beruht auf einem subtilen Missverständnis: Wir schreiben Körper und Geist Eigenschaften zu, die sie nicht wirklich besitzen. Wir glauben, dass es eine Art verlässlicher Gewissheit geben sollte, irgendeine Art von dauerhafter Stabilität. Wir denken, unser Körper und unser Geist sollten unabhängig sein, ohne sich auf andere Menschen und Dinge zu verlassen. Für kurze Zeit können diese Illusionen funktionieren; wir glauben an diese Illusion. Doch dann werden wir krank, oder etwas Schwieriges passiert in unserem Leben, und unser Geist wird wieder unruhig. Wenn der Körper zusammenbricht oder unser Geist gestresst, unruhig oder unglücklich wird, zeigen sie uns, was sie schon immer waren – eine Ansammlung von Teilen, die jederzeit versagen können, so wie die Teile eines Fahrrads oder eines Autos. Machen wir uns mit dieser inhärenten Unsicherheit vertraut, so werden wir resilienter, weil unser Verständnis besser mit der Realität übereinstimmt. Wenn wir unsere wahre Natur besser verstehen, werden unsere Erwartungen realistischer und gesünder.

Eine verbreitete Lehre in meiner Tradition ist die der »Ichlosigkeit«. Dieser Begriff wird oft missverstanden, wenn man ihn zu weit fasst. Er bedeutet nicht, dass es keine Persönlichkeit gibt oder dass es überhaupt keine Empfindung eines Ichs gibt. Es geht hier nicht um eine leere, nihilistische, totale Abwesenheit. Die Kultivierung der Einsicht in die wahre Natur des Ichs macht niemanden zu gefrorenem Gemüse oder einer kalten Marmorstatue. Wenn Sie jemanden fragen, der Ichlosigkeit verkörpert wie ein Buddha: »Wohin gehst du?«, wird er nicht sagen: »Was soll das bedeuten?« Das wäre ja lächerlich. Ein Buddha ist hochgradig funktional – vielleicht funktionaler, als wir es uns vorstellen können. Ein Buddha weiß, was Konventionen sind und wie man sie benutzt, aber er kennt auch die Grenzen der Konventionen und weiß, wie man sie überschreiten kann.

Ichlosigkeit bedeutet, dass das Ichgefühl, das wir alle haben, nicht solide und wirklich real ist. Es ist eine raffinierte Täuschung; ähnlich einem Traum. Wenn wir in uns nach unserem Ich suchen, *fühlen* wir vielleicht etwas, aber das bedeutet nicht, dass es eine reale Sache wie feste Materie ist. Es mag uns so vorkommen, als beruhe unser Ich auf unserem Körper und unserem

Geist. Oder vielleicht denken wir, es sei etwas Unabhängiges wie eine unvergängliche Seele. Aber wenn wir danach suchen, wenn wir unseren Körper und unseren Geist tatsächlich untersuchen, können wir es nirgends finden. Körper und Geist verändern sich ständig. Sie bestehen aus vielen, vielen Teilen und funktionieren in einem Netz gegenseitiger Abhängigkeit. Die Ich-Empfindung verändert sich ebenfalls ständig. Sie kommt und geht. Als Reaktion auf unterschiedliche Situationen und abhängig davon, mit wem wir zusammen sind, bilden wir verschiedene Identitäten, verändern sie und lösen sie wieder auf. Wir können Kinder und Eltern sein, Lehrer und Schüler, Geber und Nehmer, starr oder nachgiebig. Wir können uns verletzlich, voller Kraft, unbehaglich oder sicher fühlen; je nachdem, wer unser Ich zurückspiegelt. Das Ichgefühl ist immer in Bewegung.

Die vier Ichs

Was also ist das Ich? Die entsprechende Empfindung ist eine Gewohnheit, die im Gewahrsein entsteht und vergeht. Diese Gewohnheit ist die Verdinglichung des Gefühls eines Beobachters, eines Wissenden im Zentrum unserer Erfahrung.

Nehmen wir noch einmal das Beispiel eines Autos. Oberflächlich betrachtet gibt es ein Auto. Es steht direkt vor mir. Ich kann einsteigen und darin umherfahren. Aber wenn man es auseinandernimmt, hat man einen Haufen von Dingen: Türen, Motor, Achsen, Felgen, Reifen und so weiter. Wo ist dann das »Auto«? Es erweist sich als eine Abstraktion, eine Zuschreibung zu einer Ansammlung von Teilen. Auf dieselbe Weise ist auch das Ich ein nützliches Etikett, das ein begriffliches »Gebilde« beschreibt, welches aus vielen Teilen besteht. Im Fall des Ichs sind die Teile der Körper, die Empfindungen, die Wahrnehmungen, die Geistesobjekte und das Bewusstsein.

In meiner Tradition gibt es natürlich viele Möglichkeiten, über das Ich zu sprechen und nachzudenken. Ich verwende gerne einen einfachen begrifflichen Rahmen, den ich »die vier Ichs« nenne. Dieser Rahmen stammt aus vielen verschiedenen Quellen, die ich zusammengeführt und mit vereinheitlichendem Namen versehen habe. Die vier Ichs können uns helfen, mehr Klarheit darüber zu erlangen, wie die Ich-Empfindung sowohl auf gesunde als auch auf ungesunde Weise agiert.

Das bloße Ich

Wenn also die Ich-Empfindung eine raffinierte Täuschung ist; traumähnlich, veränderlich und vielfältig verflochten – was ist dann die angemessene Art, damit umzugehen? Mit einem Gefühl der Bloßheit! Denn Bloßheit ist das Gegenteil von Verdinglichung. Sie ist eine leichte Berührung, eine angemessene Art und Weise, etwas zu halten. Wenn Sie ein Stück Seidenpapier halten müssen, können Sie keinen großen Druck darauf ausüben. Sie halten es ganz sanft. Die Ich-Empfindung scheint *einfach bloß* da zu sein. Objekte der Erfahrung scheinen *einfach bloß* da zu sein. Die Ich-Empfindung erfährt *einfach bloß* verschiedene Sinneswahrnehmungen und Gedanken – sie erinnert sich *bloß* und plant für die Zukunft. Es fühlt sich *bloß* so an, als sei ich hier – wir müssen uns nicht darauf versteifen. Träume *erscheinen bloß*, ohne fest und real zu sein.

Das »bloße Ich«, wie ich es nenne, ist die gesunde Art, sich auf die Ich-Empfindung und unsere wechselnden Erfahrungen zu beziehen. Mit Bloßheit können wir uns mitsamt der Realität bewegen, wir können tanzen und fließen. Wir sind in Einklang mit der natürlichen Realität und nicht außerhalb der Harmonie. In Wahrheit ist alles in Bewegung und verändert sich. Wenn wir das wissen, können wir eine gewisse Offenheit, Flexibilität und Fluidität finden, wodurch sich die Verdinglichung abmildert. Und dann kann es zu einer Einsicht in die wechselseitige Verbundenheit kommen: Alle Dinge hängen von anderen Dingen ab. Wenn wir sehen, dass Körper und Geist keine Einheit sind, sondern eher eine Ansammlung von Teilen, dann öffnen wir uns für Fluidität und Vielfältigkeit. Wir können mehr Erfahrungen kommen und gehen lassen, ohne dass wir eine Geschichte erfinden müssen, um sie mit dem in Einklang zu bringen, wofür wir uns gehalten haben.

Manchmal nenne ich dies das *schöne, funktionale* bloße Ich. Es ist schön, denn es antwortet, statt nur zu reagieren. Es ist leicht und spielerisch, bereit zu lieben, aber nicht auf eine klebrige Art. Es ist flexibel und einfach; es besitzt ein grundlegendes Okay-Sein. Es wird nicht von versteckten geheimen Absichten der Verdinglichung und Selbstverherrlichung beherrscht. Das bloße Ich ist ein wahres Zuhause für ein gesundes menschliches Wesen, für Erdverbundenheit und essenzielle Liebe. Um uns mit dem bloßen Ich zu verbinden, müssen wir lernen loszulassen. Das bloße Ich ist eine Art des Seins, zu der wir zurückkehren können, um Gesundung zu finden, Spannungen zu lösen und uns mit Offenheit zu verbinden.

Das verdinglichte Ich

Wenn die Bloßheit nicht erkannt wird, schleicht sich Verdinglichung ein. Die Ich-Empfindung wird konkreter, wie ein sehr festes Ding. Ich nenne dies das »verdinglichte Ich«. Die scheinbare Trennung zwischen uns selbst und unserer Erfahrung, dem Erfahrenden und unseren Wahrnehmungen, wird starr und ausgeprägt. Anstatt zu beobachten: *Es fühlt sich heute Morgen ein wenig unruhig und ängstlich in meinem* Körper *an. Hm, vielleicht ist es eine komische Stimmung. Mal sehen, wie sie sich entwickelt,* konkretisieren wir unsere Wahrnehmungen: *Heute ist ein furchtbarer Tag! Die Situation ist schrecklich! Alle sind gegen mich!*

Unsere Welt spaltet sich immer mehr auf in »ein Ich und etwas anderes«, in »hier drinnen und dort draußen«. Wir verdinglichen immer weiter, und die Angelegenheit wird sehr verkrampft. Anstatt das Spiel wechselseitiger Abhängigkeit von allem zu sehen, verlieren wir allmählich diese Schönheit und Fluidität und verkrampfen uns innerlich immer mehr. Indem wir uns mehr und mehr verhärten, können wir unsere innere Freude, unser inneres Wohlbefinden verlieren. Schließlich entsteht daraus Ich bezogenheit.

Das verdinglichte Ich hat grobe und subtile Dimensionen. In seiner groben Erscheinungsform klammert es sich an alle möglichen Dinge und beißt sich daran fest. Es macht Situationen und Beziehungen eng, schwer und ernst. Stellen Sie sich vor, dass Sie gleichzeitig die Zähne zusammenbeißen und die Stirn runzeln. Diese Geste ist übertrieben, aber beispielhaft für die Haltung des verdinglichten Ichs.

In seinen subtilen Dimensionen glaubt das verdinglichte Ich einfach ein bisschen zu sehr an die Dinge. Statt mit Lockerheit, Freude und Verspieltheit auf den Fluss der Erfahrung zu reagieren, konkretisiert und fixiert es. Es macht das Lächeln ein wenig angespannter und herzhaftes Lachen ein wenig schwerer. Es verfestigt unsere Erfolge und Kämpfe, unsere Hochs und Tiefs.

Ein häufiges Missverständnis ist die Vorstellung, dass ohne Verdinglichung nichts funktionieren kann. Dies ist ein wichtiger Punkt, der geklärt werden muss. Wir mögen denken: *Ich brauche Ernsthaftigkeit. Ohne ein sehr ernstes, selbstorientiertes Verhalten kann ich nichts erreichen.* Aber die Realität ist nicht festgelegt. Wenn wir versuchen, alles zu fixieren, gibt es keinen Tanz, keinen Fluss, keine Bewegung. Wir mögen das intellektuell verstehen, aber wir haben schon früh im Leben gelernt, dass wir uns erst dann emotional sicher fühlen können, wenn die Dinge festgelegt sind. Und nach und nach wird das Fixieren zu heftig und bringt uns zusätzliches Leiden. Selbst wenn wir wissen, dass wir loslassen müssen, wissen wir nicht, wie das geht. Das liegt an der Fixierung; dem verdinglichten Ich.

Das bedürftige Ich

Das »bedürftige Ich« entwickelt sich aus dem verdinglichten Ich, wenn wir immer egozentrischer und selbstsüchtiger werden. Das bedürftige Ich ist leichter zu erkennen als das bloße oder das verdinglichte Ich. Wir können es in dem erkennen, was wir normalerweise als egoistisches oder bedürftiges Verhalten ansehen. Indem wir die Bloßheit übersehen, verlieren wir den Kontakt zu unserer grundlegenden Erdung, Offenheit und Freiheit, zu unserer Fluidität und Verspieltheit. Unser verdinglichtes Ich ist verklemmt, nicht freudig und spielerisch. Wir spüren vielleicht, dass etwas fehlt, aber wir versuchen dies auf die falsche Weise zu beheben. Anstatt zu sehen, dass das verdinglichte Ich selbst problematisch ist, denken wir fälschlicherweise, dass es ihm an etwas mangelt, und so versuchen wir das Fehlende zu finden und zu *konsumieren*, sei es Liebe, Anerkennung, Besitz, Status oder was auch immer. Wir werden von uns selbst, unserem zerbrechlichen Ego eingenommen. Ein bedürftiges, selbstverliebtes Ich zu haben bedeutet im Wesentlichen, das Glück nur für sich selbst zu beanspruchen.

In Wirklichkeit existiert das Glück in gegenseitiger Abhängigkeit. Dies bedeutet, dass wir uns um das Wohlergehen der anderen kümmern müssen. Doch wenn wir das selbstverliebte Ich manifestieren, verspüren wir den Drang, das Glück für *uns selbst* zu finden – das ist ein Hauptmerkmal des selbstverliebten, selbstsüchtigen Ichs –, aber das lässt sich nun mal nicht erreichen, weil unser Glück von dem der anderen abhängt. Wenn sich alles nur um »mich« dreht, werden wir sehr einsam.

Das soziale Ich

Das »soziale Ich« beinhaltet das Verständnis, dass wir eine gewisse Existenz in der Wahrnehmung anderer Menschen haben. Andere haben mentale Bilder von uns, bewerten uns, bilden sich eine Meinung über uns und beurteilen uns. Man kann uns mögen oder nicht mögen, wir können beliebt oder unbeliebt sein. Das soziale Ich besteht aus unserem Verständnis hiervon, aus unserer diesbezüglichen Ängstlichkeit oder Verspieltheit, und aus unseren Versuchen, damit umzugehen. Wir alle müssen damit umgehen; es sei denn, wir leben allein in den Bergen. Das soziale Ich ist nicht von Natur aus positiv oder negativ. Das soziale Ich kann das bloße Ich oder das verdinglichte und bedürftige Ich zum Ausdruck bringen. Steht das bloße Ich dahinter, so kann das soziale Ich sehr nützlich sein, wenn wir wissen, wie wir damit spielen können. Das soziale Ich kann sehr viel Spaß machen, wenn wir es mit Humor und dem bloßen Ich spielen. Frei von den Einflüssen und Absichten des selbstsüchtigen Ichs kann das soziale Ich von Altruismus und Mitgefühl durchdrungen sein. Dann kann es vielen Menschen helfen.

Ich denke gerne an den Dalai Lama als ein Beispiel für ein sehr gesundes soziales Ich. Natürlich hat der Dalai Lama ein sehr entwickeltes soziales Ich. Er funktioniert auf einem hohen Niveau und nutzt sein soziales Ich als »der Dalai Lama« die meiste Zeit des Tages, überall auf der Welt und bei vielen Menschen. Trotzdem sagt der Dalai Lama oft, dass er nicht davon träumt, ein wer weiß wie berühmter Lama zu sein. Er träumt von sich selbst als einfachem Mönch. Das zeigt, dass sein soziales Ich auf dem bloßen Ich und nicht auf dem verdinglichten Ich basiert. Wenn er zurück in sein Wohnzimmer geht, kann er das soziale Ich auflösen und zum bloßen Ich zurückkehren, das sehr einfach, sehr gesund ist. Er steckt nicht im verdinglichten Ich fest. Der Dalai Lama setzt natürlich einen sehr hohen Standard, den wir vielleicht nicht sofort erreichen können. Aber es ist hilfreich, ein Beispiel zu haben, ein Ziel, an dem man sich orientieren kann.

Wenn sich das verdinglichte Ich andererseits zum selbstsüchtigen Ich entwickelt, dann geht etwas schief mit unserem sozialen Ich. Wir wünschen uns Anerkennung, Popularität, Beifall, Ruhm und so weiter. Wir beginnen uns um unseren Ruf zu sorgen. Unser soziales Ich zu managen kann dann anstrengend sein und zu einer Menge Angst führen. Heutzutage finde ich es besorgniserregend, wie sehr die sozialen Medien das soziale Ich noch stressiger machen als zuvor. Das betrifft uns alle, aber vor allem jüngere Menschen, die viel Zeit in dieser Welt verbringen.

Permanenz, Singularität und Unabhängigkeit

Im Allgemeinen haben wir oft das Gefühl, dass unser Ich beständig ist, dass es ein singuläres und einheitliches Ding ist und dass es unabhängig ist. Unsere Gewohnheit der Verdinglichung – die Wurzel der Verwirrung – beruht auf diesen Grundannahmen. Wir unterstellen unserer Ich-Empfindung und den Objekten unserer Wahrnehmungen Eigenschaften, die sie eigentlich nicht besitzen.

Permanenz mag irgendwie großartig und seltsam klingen – wir alle wissen tief in uns drin, dass die Dinge irgendwie nicht wirklich endlos sind. Dennoch vergessen wir, dass sich unser Körper ständig verändert, dass sich unser *Geist* ständig verändert, dass unsere Stimmung sich verändert. Alles ist im Fluss, im Übergang. Die Grundbausteine von Geist und Materie entstehen und vergehen ständig, erscheinen und verschwinden, werden geboren und vergehen. Die Wirklichkeit gleicht eher einem glitzernden Fluss als einer Ansammlung toter Objekte, die im Raum stehen. Wenn wir diesen ständigen Fluss gefühlsmäßig vergessen, haben unsere Stimmungen ein großes Gewicht. *Ich bin diese Stimmung.*

Ich werde immer so sein. Wenn die Dinge zum Beispiel nicht so laufen, wie wir es uns wünschen, können wir das Gefühl haben, dass unsere Welt untergeht.

Aber wenn wir mit dem Fluss in Kontakt bleiben, können wir eine Perspektive haben. Wir können uns daran erinnern: *Auch dies wird vorübergehen.* Indem wir die Erkenntnis des ständigen Wandels verinnerlichen, können wir in den Höhen und Tiefen des Lebens geerdet bleiben.

Die Dinge als *singulär* zu betrachten, bedeutet zu glauben, dass eine Ansammlung von vielen Teilen *eine Sache* ist. Ich nenne das gerne »Verklumpung« – wir denken, der Körper sei ein Klumpen, das Ich sei ein Klumpen, Objekte, die wir wahrnehmen, seien Klumpen. Diese Verklumpung führt zu verschiedenen Problemen. So sind zum Beispiel der Körper, die Gefühle, der Geist und die Ich-Empfindung eigentlich verschiedene Ströme der Erfahrung. Aber wir fassen sie oft zu einem »Ich« zusammen. Wenn es dann einem dieser Aspekte nicht gut geht, scheint das ein Problem für alle zu sein. Wir verlieren den Raum zwischen ihnen und um sie herum und fühlen uns dadurch noch stärker festgefahren.

Ein weiteres Problem ist, dass wir andere Menschen und ihre Emotionen miteinander verklumpen. Wenn jemand eine Emotion zeigt, denken wir: *Er ist diese Emotion,* anstatt zu verstehen, dass derjenige nur vorübergehend von der Emotion beherrscht wird. Daraufhin geben wir ihm vielleicht die Schuld für seine Emotion und denken: *Er ist ein schlechter Mensch,* und hegen ihm gegenüber Groll und Vorurteile, die auf etwas Vorübergehendem beruhen, das gar nicht seinem Wesen entspricht.

Und schließlich ist da noch die Unabhängigkeit. Wir alle mögen die Idee der Unabhängigkeit. Als Ideal klingt sie gut. Wir schreiben unserer Ich-Empfindung Unabhängigkeit zu: *Ich bin unabhängig, ich brauche niemanden!* Wir sind stolz darauf;

aber das wird schnell zu einem einsamen Stolz. Denn es handelt sich hier um eine Verwirrung, die nicht in der Realität begründet ist.

Auch den Objekten unserer Wahrnehmung schreiben wir Unabhängigkeit zu, einschließlich anderer Menschen, indem wir denken, diese Menschen besäßen die Freiheit, ihren Körper, ihre Rede und ihren Geist zu kontrollieren. Aber in Wirklichkeit ist nichts wirklich unabhängig; auch nicht unsere Ich-Empfindung. Die Dinge sind miteinander vernetzt; alles ist wiederum von etwas anderem abhängig. Der Baum ist abhängig von Regen, Luft, Boden, Sonnenlicht und Insekten zur Bestäubung. Unser Körper ist auf Nahrung, Wasser, Luft und *so viele andere Dinge* angewiesen, um zu überleben. Und wenn wir wirklich gedeihen wollen, sind wir auf noch mehr Bedingungen angewiesen. Alles ist mit so vielen anderen Dingen vernetzt.

Vielfalt, Vernetztheit und Fluss

Die Wurzel der Verwirrung ist Fixierung, und die Grundlage der Fixierung ist Verwirrung. Das muss nicht so sein. Unsere Empfindung des Ichs und der Objekte, die wir wahrnehmen, kann spielerisch sein. Und aus der Verspieltheit wird Freude erwachsen. Dies steht im Einklang mit der Natur. Alles ist spielerisch: Bäume, Wind, Berge. Alles spielt in wechselseitiger Abhängigkeit miteinander, nicht festhaltend, nicht verdinglichend.

Wir müssen uns also entspannen und Raum und Offenheit finden. Die Gegenpole der zuvor beschriebenen Missverständnisse sind Vielfalt, Vernetztheit und Fluss. Wenn wir diese kontempliert und verstanden haben, können wir sie uns immer wieder in Erinnerung rufen, um im täglichen Leben eine Perspektive zu finden. Wir können uns an Vernetztheit und wechselseitige Abhängigkeit erinnern. Wir können zurückkehren zum schönen bloßen Ich – dem einfachen, schönen bloßen Ich. Durch die Vernetztheit gibt es die Möglichkeit, jeden zu lieben; denn wir sind von allen abhängig.

Die Praxis

Jetzt müssen wir alle bisher gelernten Praktiken zusammenbringen und sie ohne Verdinglichung mit dem Verständnis des bloßen Ichs integrieren. Wir können lernen, uns in das bloße Ich fallen zu lassen. Wenn wir sehen, dass Solidität oder Selbstverliebtheit auftaucht, können wir uns in den Körper fallen lassen und die essenzielle Liebe finden. Wir können mit dem offenen, schönen bloßen Ich essenzielle Liebe erfahren, ohne festzuhalten. Wir können ohne Verdinglichung Hände schütteln. Wir können mit unserer schnellen Energie arbeiten und Erdung im bloßen Ich finden. Wir können üben, den Geist zu beruhigen und Klarheit zu finden, ohne zu verdinglichen. Dieses Verständnis der Bloßheit, des Nichtfixierens kann alles durchdringen, was wir praktizieren, alles, was wir wahrnehmen.

Auch unsere Meditationspraxis sollten wir nicht verdinglichen. Wir können uns so richtig auf unsere kostbare Meditation versteifen; aber damit tragen wir nur alte Gewohnheiten der Anspannung, des Urteilens und des Ehrgeizes in unsere spirituelle Praxis hinein. Die Meditation kann vielmehr eine Plattform sein, auf der wir die Gewohnheiten der Verdinglichung, Fixierung und Anspannung infrage stellen. Unser spiritueller Weg kann ein Schutzort sein, der Verspieltheit, Freude, Offenheit und Liebe fördert.

Die wichtigste Übung besteht also darin, zum bloßen Ich zurückzukehren. Wenn wir die vier Ichs in unserer Erfahrung verstehen, dann können wir erkennen: *Oh, jetzt bin ich im verdinglichten, im sozialen oder im bedürftigen, selbstverliebten Ich.* Wir müssen diese in unserer Erfahrung identifizieren. Das Zurückkommen zum bloßen Ich ist eine Kombination des Verständnisses darüber, wo wir feststecken, und dem Loslassen.

Nehmen Sie zunächst eine bequeme Haltung ein. Ihre Wirbelsäule ist aufrecht, Körper und Geist sind entspannt.

Bereiten Sie sich nun auf die Einsichtspraxis vor, indem Sie sich für einige Minuten in den Körper fallen lassen. Verbinden Sie sich mit der Gefühlswelt. Wenn Sie den Eindruck haben, dass etwas des Händeschüttelns bedarf, machen Sie diese Übung. Wenn Sie sich mit der essenziellen Liebe verbinden können, erlauben Sie ihr, Herz und Körper zu durchdringen.

Erlauben Sie dann dem Geist, sich für eine Weile in Ruhe und Klarheit niederzulassen. Wenn Sie sich ausreichend ruhig und klar fühlen, versuchen Sie sich bewusst zu machen, welches Ich in diesem Moment aktiv ist. Erkennen Sie es, fühlen Sie es, identifizieren Sie es klar.

Versuchen Sie zum bloßen Ich zurückzukehren. Nutzen Sie Ihr Verständnis von Vergänglichkeit, wechselseitiger Abhängigkeit und Vielfalt. Die Dinge mögen hinderlich und bedrückend, eng und ernst erscheinen, aber das sind selbst nur veränderliche Wahrnehmungen. Nutzen Sie Ihre Praxis des Loslassens. Wie auch immer das Wetter sein mag, der Himmel bleibt offen und empfänglich. Finden Sie immer wieder die Punkte der Anspannung in Körper, Gefühlswelt und Geist, und lassen Sie sie los.

Nutzen Sie das Händeschütteln und Ihre essenzielle Liebe. Wenn schöne Monster auftauchen, unsere schwierigen Emotionen und Widerstände, dann heißen Sie diese mit der Offenheit des akzeptierenden Gewahrseins willkommen. Verbinden Sie sich immer und immer wieder mit der essenziellen Liebe, bis sie sich wie Ihr Zuhause, Ihr Grund anfühlt. Wenn Sie zum bloßen Ich zurückkehren können, verweilen Sie einfach dort und seien mit ihm. Wenn Sie sich nicht fallen lassen und zum bloßen Ich zurückkommen können, entspannen Sie Ihre Bemühungen und schütteln Sie dem, was gerade da ist, die Hand.

Manchmal scheint das verdinglichte Ich ziemlich stark zu sein, und es ist schwierig, sich in das bloße Ich loszulassen. Wenn das der Fall ist, können Sie Folgendes versuchen:

Beginnen Sie wie zuvor, indem Sie eine bequeme Haltung einnehmen und Ihr Gewahrsein in den Körper fallen lassen. Seien Sie einfach für eine Weile ohne Absichten im Körper und in der Gefühlswelt. Erlauben Sie Ihrem Gewahrsein, sich in geerdeter Ruhe und Klarheit niederzulassen.

Wenn Sie sich zentriert und ausgeglichen fühlen, versuchen Sie Ihre Aufmerksamkeit auf das verdinglichte Ich zu lenken und seine Solidität und Festigkeit zu finden. Sie mögen es als ein subtiles, unterschwelliges Festhalten, eine Art Ernsthaftigkeit wahrnehmen. Wenn Sie es finden können, erlauben Sie sich, es eine Weile zu spüren, um es besser kennenzulernen.

Versuchen Sie nach einiger Zeit innerlich zu lächeln und erinnern Sie sich an die Bloßheit. Dann entspannen Sie sich und probieren Sie, ob Sie den Griff des verdinglichten Ichs lockern können. Lassen Sie sich ins bloße Ich fallen. Wenn Sie das verdinglichte Ich nicht fallen lassen können, üben Sie an diesem Punkt das Händeschütteln.

Wir können dies auch in unserem täglichen Leben üben: Auch hier besteht die wesentliche Aufgabe darin, zum bloßen Ich zurückzukehren. Was auch immer Sie sonst tun, versuchen Sie sich an die wichtigen Punkte zu erinnern, die zu einem besseren Verständnis nötig sind: loslassen, einfach nur mit der gegenwärtigen Erfahrung sein, Händeschütteln mit der Gefühlswelt. Wann immer es Ihnen möglich ist, verbinden Sie sich mit der essenziellen Liebe. Erlauben Sie der essenziellen Liebe, das bloße Ich zu durchdringen, und erlauben Sie der Bloßheit, die essenzielle Liebe zu durchdringen.

Wenn Sie sich sich mit der essenziellen Liebe und dem bloßen Ich verbunden haben und in einer bestimmten Lebenssituation das soziale Ich benötigen, wenn Sie vielleicht bestimmten Menschen gegenüber eine Rolle spielen müssen, dann spielen Sie sie. Lassen Sie sich darauf ein. Ob in Gesellschaft anderer oder allein: Denken Sie daran, dass alles in Bewegung ist und sich verändert; dass alles miteinander vernetzt ist. Wenn das verdinglichte Ich Probleme verursacht: kein Grund zur Panik. Beobachten Sie es einfach, identifizieren Sie es klar und lernen Sie daraus. Mit diesem Verständnis lässt sich alles auf Ihren Pfad der Meditation und Weisheit bringen.

Wenden Sie als Reaktion auf jede Situation, die Ihnen begegnet, die jeweils angemessene Praxis an: Fallenlassen, Händeschütteln, essenzielle Liebe, Atmen, Beruhigung oder Klarheit finden – ziehen Sie ohne Verdinglichung heran, was gerade hilfreich ist. Wann immer möglich, lassen Sie sich in das bloße Ich zurückfallen.

Versuchen Sie, Erdung, essenzielle Liebe und das bloße Ich in Ihre Erfahrung zu integrieren, sodass beide zu Ihrem Zuhause, ihrem tragenden Grund werden. Erlauben Sie der Anmut der Bloßheit all Ihre spirituellen Praktiken zu berühren: jeden Teil von Ihnen, alles, was Sie wahrnehmen, und alle Wesen, mit denen Sie sich verbinden.

DANIEL GOLEMAN: DIE WISSENSCHAFT

Tulku Urgyen, der Vater von Tsoknyi Rinpoche, war einer der am meisten verehrten Meditationsmeister seiner Zeit. Meine Frau und ich hatten das Glück, ihn einige Male für mehrere Wochen am Stück zu treffen, bevor er 1996 verstarb. Während seine liebevolle Präsenz geradezu mit Händen zu greifen war, beeindruckte mich vor allem eine andere Eigenschaft an ihm: seine Bescheidenheit. Wann immer er Unterweisungen zu einem tibetischen Text gab, erwähnte er zuerst seinen eigenen Lehrer, von dem er diese spezielle Unterweisung erhalten hatte. Dann sagte er stets: »Ich verfüge über keine besonderen Errungenschaften, aber ich will mein Bestes tun, das zu vermitteln, was ich von meinen Lehrern gehört habe.«

Diese bescheidene Haltung steht in krassem Gegensatz zu der in der modernen Kultur so verbreiteten, ja sogar bewunderten, das Ego fütternden Ich-zuerst-Haltung. Nach Tsoknyi Rinpoches Modell unserer verschiedenen Ichs bringt Tulku Urgyens Haltung das bloße Ich zum Ausdruck, das nicht das geringste Bedürfnis hat, andere zu beeindrucken oder sich selbst aufzuplustern.

Als Richard Davidson und ich uns die wichtigsten Ergebnisse von Tausenden von Forschungsberichten über Meditation ansahen, fiel uns ein bemerkenswertes Versäumnis auf.[29] Es gab unzählige Ergebnisse zu den bereits bekannten Wohltaten der

Meditation – wie etwa mehr Ruhe und Konzentration, Entspannung, bessere Gesundheit und andere solche Vorteile. Aber es gab sehr wenig Forschung darüber, wie die Ausübung von Meditation den Zugriff unseres Egos verringern kann – und praktisch nichts über Ichlosigkeit, das bloße Ich, wie Tsoknyi es nennt.

Das gesündeste »Ich« ist für ihn jenes, das unsere Ich-Empfindung wie auch jeden anderen Gedanken oder jede andere Emotion leichtnimmt. Wir erkennen zwar durchaus unsere Einzigartigkeit und den Wert, den zum Beispiel unser soziales Ich haben mag. Aber wir sehen das alles als bloße Zurschaustellung an, wie eine Reflexion in einem Spiegel. Wir können so spielerisch oder ernsthaft sein, wie es der Moment erfordert, denn wir sind nicht durch Bedürftigkeit oder das Bedürfnis eingeschränkt, irgendeine Ich-Empfindung zu verteidigen. Stattdessen sind wir ganz und gar auf die Bedürfnisse der anderen Person eingestellt.

Aber dieses Modell eines ultragesunden Ichs hängt von einer gewissen Leichtigkeit des Seins ab, für die es in der modernen Psychologie keine Parallele gibt. Was uns niederdrückt, ist dieser ganz gewöhnliche Strom eines auf »mich« fokussierten Bewusstseins mit seinen endlosen Sorgen, Wünschen, Hoffnungen und Ängsten, To-do-Listen und dergleichen mehr. Dieses hohle mentale Machwerk bildet das, was wir für unser »Ich« halten – den Stoff, aus dem das »Ich« ist. Diese Ich-Empfindung gibt uns ein Gefühl von Heimat in dem sich ständig verändernden Ozean unserer Erfahrung.

Die traditionelle asiatische Psychologie ist jedoch anderer Meinung: Wie Vasubandhu, ein indischer Weiser, schon im fünften Jahrhundert feststellte: »Solange du nach dem Ich greifst, bleibst du an die Welt des Leidens gebunden.« Die Freiheit von unserem gewöhnlichen Ich und das Ruhen im bloßen Ich war schon immer ein Ziel der asiatischen spirituellen Pfade.

Das Wesen des »Leidens« in unserem gewöhnlichen Leben ist für die meisten von uns schwer fassbar. Doch viele Erfahrungen, die auf spirituellen Pfaden als leidvoll angesehen werden, haben die gleichen Wurzeln. Nehmen wir die Beziehung zwischen Depression und dem verdinglichten Ich, wo Gedanken und Gefühle am »klebrigsten« sind. Kennzeichen der Depression sind eine intensive Ichbezogenheit und hartnäckiges, sich wiederholendes Grübeln. Dieses Festhalten an unseren Gedanken und das ständige Grübeln über sie ist als einer der Mechanismen identifiziert worden, die Depression fördern. Gedanken wie *Ich bin ein Versager* und *Mein Leben ist sinnlos* werden als »depressionsfördernd« bezeichnet – das heißt, sie begünstigen Anfälle von Depression.

Die erfolgreichsten Psychotherapien für Depressionen ermutigen Menschen, sich solchen Gedanken auf eine neue Art und Weise zu stellen: indem sie die Beziehung zu ihnen ändern, anstatt sie einfach zu glauben. In der Tat lautet einer der Leitsätze in dieser Art von Psychotherapie: »Du musst nicht an deine Gedanken glauben«, insbesondere nicht an die, die dich deprimieren.[30] Diese Verschiebung der Perspektive im Verhältnis zu negativen Gedanken – manchmal als »Dezentrierung« bezeichnet – markiert einen Punkt, an dem Psychotherapie und Meditation, insbesondere Achtsamkeit, zusammentreffen.

Das bedürftige Ich – wie auch das verdinglichte Ich – scheint die Aktivität der emotionalen Schaltkreise des Gehirns widerzuspiegeln. Hier macht eine klebrige Ichzentriertheit die Beschäftigung mit unserer Ich-Empfindung – ich, mich, mein – besonders zäh. Unser Geist fixiert sich auf das, was uns belohnt, und er vermeidet das, was unangenehm ist. Dies kann zu einer narzisstischen Konzentration auf das führen, was wir uns wünschen, ohne Rücksicht darauf, wie sich das auf andere Menschen auswirkt, oder zu ungesunden Beziehungsmustern wie einer bedürftigen Abhängigkeit.

Wie unsere Bindungen aus der Kindheit unsere Beziehungen im Erwachsenenleben prägen, wurde ausführlich in Arbeiten dargelegt, die auf die Theorien des britischen Kinderpsychologen John Bowlby zurückgehen.[31] Eine Kindheit, in der wir beispielsweise Vernachlässigung oder sogar ein Trauma erlebt haben, führt in unseren erwachsenen Beziehungen zu einem Gefühl des Misstrauens. Ähnlich verhält es sich, wenn unsere Kindheit dazu geführt hat, dass wir Aufmerksamkeit suchen, indem wir überreagieren oder extrem ängstlich sind; wir nehmen diese Haltung dann auch als Erwachsene ein. Oder wenn wir uns als Kind wegen unserer Ängste vor Beziehungen von allen Gefühlen abgewendet haben, dann tun wir das auch als Erwachsene. Wenn wir uns aber in unseren ersten Lebensjahren bei Menschen sicher gefühlt haben, tragen wir dieses Gefühl der Sicherheit mit uns in unsere engsten Beziehungen hinein.

Und dann ist da noch das soziale Ich, die Art und Weise, wie wir in den Köpfen anderer Menschen existieren. Manche Menschen stecken viel Energie in das, was die Psychologie *Impression Management* (Erzielen eines guten Eindrucks) nennt, und versuchen zu manipulieren, wie sie von anderen gesehen werden, ganz gleich, wer und wie sie wirklich sind. Die negative Seite des sozialen Ichs entsteht durch den Wunsch, um jeden Preis gemocht zu werden – wozu der Entwurf eines falschen Ichs gehört.[32] So verlagern die sozialen Medien die Aufmerksamkeit des sozialen Ichs bei Menschen, die verzweifelt versuchen, die Zahl ihrer Follower zu erhöhen, beispielsweise auf Steroide.

Andererseits kann das soziale Ich durchaus positiv sein, wenn wir sein Potenzial erkennen und von einem Gefühl der Fürsorge motiviert sind, nicht jedoch von Bedürftigkeit. Wie

Tsoknyi Rinpoche bereits erwähnt hat, ist der Dalai Lama ein gutes Beispiel dafür. Er ist zu einem Wortführer der Einheit der Menschheit und der Notwendigkeit einer auf Mitgefühl basierenden Leitethik geworden. Als Paul Ekman, ein weltweit bekannter Experte für den Gesichtsausdruck von Emotionen, den Dalai Lama traf, war er sofort beeindruckt von der emotionalen Beweglichkeit des berühmten Mönchs. Während der Dalai Lama Menschen begegnete, sah Ekman, dass dessen Gesicht sofort die Emotionen der Person, die er begrüßte, widerspiegelte und dass dieser Gesichtsausdruck gleich wieder verschwand, sobald sein Gesicht das der nächsten Person widerspiegelte.

Ekman hatte noch nie zuvor einen so schnellen, nahtlosen Übergang zum Beispiel von intensiver Traurigkeit zu kraftvoller Freude gesehen. Dieser Wechsel scheint auf die Abwesenheit von »Klebrigkeit« hinzuweisen. Wenn wir uns von belastenden Emotionen und zwanghaften Wünschen befreien, können wir uns dem nähern, was Ekman im Dalai Lama sah: dem Nicht-festgefahren-Sein, also dem bloßen Ich. Wir gehen von einem rigiden Ich-Empfinden über zu einer flexibleren, ganz im Moment präsenten Art der Manifestation.

Die Neurowissenschaft sagt uns, dass die stärkste Ich-Empfindung entsteht, wenn wir »nichts tun«; das heißt, wenn der Geist nach Belieben hierhin und dorthin wandert. Meistens sind wir dann von Gedanken über uns selbst eingenommen: *Was mich beunruhigt. Wie viele Likes ich für meinen Beitrag bekommen habe! Meine Beziehungen. Mein momentanes Gefühl.* Die Bandbreite der Gehirnschaltkreise, die während dieser müßigen Tagträumereien aktiv sind, wird wie erwähnt als Default Mode Network bezeichnet; was darauf hinweisen soll, dass dieser Schaltkreis standardmäßig unsere Aufmerksamkeit vereinnahmt, wenn wir nicht mit Dingen beschäftigt sind, die unsere Konzentration auf eine mentale Aufgabe verlangen, wie zum Beispiel dem Lösen einer arithmetischen Aufgabe.

Das Ich-System erschafft unser persönliches Universum, indem es jedes Ereignis in Bezug auf seine Auswirkungen *auf uns selbst* setzt. Wir sind immer der Mittelpunkt der Geschichten, die wir uns über das Leben erzählen. Und während wir das tun, wird das Standardmodus-Netzwerk aktiviert. Aber Langzeitmeditierende, so zeigt die Forschung, haben jene Schaltkreise im Gehirn gestärkt, die den Standardmodus zum Schweigen bringen.[33]

Was an Forschung zum Thema der Auswirkung fortschreitender Meditation auf die Stärke der Ich-Empfindung des Gehirns vorhanden ist, zeigt – wie Davidson und ich feststellten –, dass die Verbindungen in diesem System der Erschaffung des Ichs umso weniger stark sind, je länger jemand meditiert. Dies kann auf die Fähigkeit eines Meditierenden zurückgehen, eine Erfahrung einfach wahrzunehmen (und sei es nur ein schmerzendes Knie) und sie vorbeiziehen zu lassen, anstatt sich von ihr gefangen nehmen zu lassen. Das bloße Ich kann dies leichter tun, während das verdinglichte Ich von dem Drang eingenommen wird, etwas zu tun, um den Schmerz zu vermeiden.

Die Kognitionswissenschaft hat festgestellt, dass das, was wir für unser konkretes »Ich« halten, in Wirklichkeit ein Flickwerk von vielen einzelnen Wahrnehmungen, Erinnerungen, Gedanken und anderen kurzlebigen geistigen Erscheinungen ist.[34] Das Gehirn erhält dieses Gefühl eines fortdauernden Ichs mithilfe einer weiteren Mixtur aus flüchtigen Phänomenen aufrecht. Es ist eine Illusion, die unser Gehirn wieder und immer wieder für uns aufbaut. Und genau diesem Verständnis entspricht eine der wichtigsten Einsichten des Buddhismus, der uns sagt, dass es kein Ich als solches gibt – nur die *Illusion* eines Ichs.

Eine der wenigen *psychologischen* Studien in diesem Bereich untersucht zum Beispiel die Art von Demut, die Meister wie

Tulku Urgyen an den Tag legen; wenn auch der psychologische Fachbegriff hierfür – »hypoegoische Anspruchslosigkeit« – sich wenig erfreulich anhört.[35] Das beutet so viel wie »sich nicht als etwas Besonderes zu fühlen«; eine Haltung also, die das genaue Gegenteil von Narzissmus ist.

Die Neurowissenschaft schließlich hat – zumindest in der Theorie – begonnen zu untersuchen, was das bloße Ich in Hinsicht auf die Gehirnfunktion bedeuten könnte. Hier bleibt die Wissenschaft allerdings spekulativ; es gibt immer noch keine Studien über die Verschaltung des Gehirns zur Erzeugung einer Ich-Empfindung und wie diese sich verändert, wenn wir mit dem bloßen Ich vertrauter werden. Eine Theorie legt nahe, dass »dekonstruktive Meditation« – also eine Praxis, die uns näher an die Erfahrung des bloßen Ichs heranführt, in der wir immer weniger unter der Herrschaft des verdinglichten oder selbstsüchtigen Ichs stehen – die Aufrechterhaltung eines Zustands reinen Gewahrseins zur Folge hat.

Inzwischen geht die Neurowissenschaft aber noch einen Schritt weiter und deutet an, was der Zustand des reinen Gewahrseins in Bezug auf die Gehirnfunktion bedeuten könnte.[36] Dieser Sichtweise zufolge macht das Gehirn ständig Vorhersagen auf der Grundlage unserer vergangenen Erfahrungen, was manchmal auch »Proflexion« genannt wird. Doch je mehr wir uns einer Erfahrung annähern, in der wir unser Gewahrsein im gegenwärtigen Moment ruhen lassen, desto weniger stark nehmen wir die Zukunft überhaupt vorweg – ganz zu schweigen von einer Rückwendung in die Vergangenheit. Wenn wir in der Lage sind, dieses Gegenwartsbewusstsein aufrechtzuerhalten, beruhigt sich auch der Schaltkreis des Gehirns für das gewöhnliche Bewusstsein. Das zumindest ist die Vermutung.

Zu den Vorteilen der Beruhigung des Geistes gehört, dass wir gelassen und klar werden. Aber das Ruhen im reinen Gewahrsein geht noch einen Schritt über diese Empfindung von Ruhe hinaus. Richard Davidson, der das Gehirn von weit fortgeschrittenen Yogis studiert hat, sagte mir, er sei noch nie zuvor einer Gruppe von Menschen begegnet, die so präsent, freudvoll und warmherzig waren wie diese Yogis.

EPILOG: EINIGE ABSCHLIESSENDE RATSCHLÄGE

GEERDETER KÖRPER, OFFENES HERZ, KLARER GEIST

Es ist unsere Vision für dieses Buch, dass es dazu beiträgt, in jeder Hinsicht gesunde Menschen zu schaffen: geerdete, warmherzige, klar denkende Menschen, die die Energie und die natürliche Neigung haben, anderen zu helfen. Ein einfacher Slogan fasst diese Vision zusammen: »Geerdeter Körper, offenes Herz, klarer Geist«. Die diversen Übungen, die in diesem Buch angeboten wurden, sind genau auf dieses Ergebnis hin ausgerichtet.

Je geschickter wir im Umgang mit diesen Werkzeugen werden, desto besser können wir die jeweils passenden für den Umgang mit bestimmten Situationen anwenden. Unser Leben konfrontiert uns mit Hindernissen, Herausforderungen und Problemen; sei es in unseren Beziehungen oder in unserer inneren Welt der Gefühle, Gedanken und Emotionen. Für den Umgang damit können wir uns folgende Methoden als eine Art Werkzeugkasten vorstellen:

FALLENLASSEN: Wenn Sie sich angespannt, verkrampft, festgefahren oder ängstlich fühlen, kann die Praxis des Fallenlassens sehr hilfreich sein. Sie koordinieren ein tiefes Ausatmen mit dem Klatschen Ihrer Hände auf die Oberschenkel, wobei Sie den denkenden Geist fallen lassen und so im Körper landen. Sie können diese schnell und einfach anzuwendende Übung je nach Bedarf über den ganzen Tag hinweg anwenden.

BAUCHATMUNG: Die Bauchatmung kann besonders hilfreich sein, wenn Sie sich überdreht und ungeerdet fühlen. Diese mehrstufige Atemübung hilft Ihnen, die schnelle Energie zurück in ihre Heimat unterhalb des Nabels zu führen und sich damit zu erden.

HÄNDESCHÜTTELN: Dieses wesentliche Werkzeug zur Heilung und Öffnung hilft bei emotionalen Blockaden, Reaktivität und Widerstand – Ihren »schönen Monstern«. Sie verbinden sich durch eine akzeptierende, einladende Haltung wieder mit Ihrem Gewahrsein und Ihrer Gefühlswelt und freunden sich mit Ihren schönen Monstern an.

ESSENZIELLE LIEBE: Das Händeschütteln mit Ihrer Gefühlswelt lässt Sie das natürliche Wohlbefinden wiederentdecken, das die Verbindung mit der essenziellen Liebe mit sich bringt. Wenn Sie sich bedürftig, emotionslos, unwürdig, uninspiriert oder unterschätzt fühlen, können Sie diesen Gefühlen zunächst die Hand schütteln und sich mit ihnen anfreunden, wodurch Sie sich mit der Zeit wieder mit Ihrem inneren Wohlbefinden, der essenziellen Liebe, verbinden können. Die essenzielle Liebe ist immer bei uns, unterhalb all unserer wechselnden Gefühle, Emotionen und Stimmungen.

LIEBE UND MITGEFÜHL: Wenn Sie in der essenziellen Liebe verwurzelt sind, können Sie jederzeit Einfühlungsvermögen und Mitgefühl kultivieren und deren Umfang allmählich erweitern, um immer mehr Wesen mit Ihrer zärtlichen Fürsorge zu umfangen. Diese kann auch »neutrale« oder fremde sowie schwierige Menschen einschließen, nicht nur Menschen, die uns ohnehin schon am Herzen liegen.

DEN GEIST ZUR RUHE BRINGEN: Wenn Sie sich zerstreut, unkonzentriert oder verwirrt fühlen, können die Praktiken zur Beruhigung des Geistes helfen. Lernen Sie, den Geist mit einem Objekt der Unterstützung wie dem Atem und *ohne* ein Objekt der Unterstützung zu beruhigen. Dies sind wichtige Praktiken zur Entdeckung von natürlicher Klarheit und zur Fokussierung Ihres Lebens.

EINSICHTSMEDITATION: Die Übungen der Einsicht, wozu die Kontemplation der vier Ichs und das Ruhen in klarer Geräumigkeit gehören, können Ihre spirituelle Praxis vertiefen und befreiende Einsicht hervorrufen. Die Einsichtspraxis macht deutlich, was gesunde und was ungesunde Arten der Beziehung zum Ich sind, und hilft Ihnen, stabilere Ruhe und Klarheit sowie Ihr Potenzial zur Befreiung von Neurosen, einschränkenden Überzeugungen und Verwirrung zu entdecken.

Diese Praktiken und die daraus resultierenden Erkenntnisse können uns helfen, mit dem Leben und seiner Unordnung effektiver und anmutiger umzugehen. Die Schlüsselpunkte sind Erdung mithilfe des Fallenlassens, essenzielle Liebe, die aus dem Händeschütteln entsteht, und das bloße Ich, das aus der Einsicht hervorgeht. Diese können zu unserem inneren Zuhause, dem Grund unseres Seins werden. Auf diese Weise kann unser Leben reicher, wärmer und freudiger werden, und wir werden in der Lage sein, anderen besser zu helfen.

Aber wie bei jeder Fertigkeit müssen wir auch diese Befähigung einüben. Wenn wir gut im Klavierspielen, bei der Holzbearbeitung, in einer Sportart oder einem Hobby werden wollen, müssen wir die Schlüsselbewegungen viele, viele Male wiederholen, bis wir sie beherrschen. Genauso verhält es sich mit dem Geist. Wir können nicht ein- oder zweimal meditieren und dann hoffen, in den Genuss aller Vorteile und Fähigkeiten, die die

Meditation mit sich bringt, zu kommen. Es braucht einige Zeit. Wir müssen uns mit den Praktiken und den Erfahrungen, die wir dabei sammeln, vertraut machen. Tatsächlich bedeutet das traditionelle tibetische Wort für Meditation – Gom – sich vertraut machen oder gewöhnen. Wir wirken alten Gewohnheiten entgegen und etablieren neue Gewohnheiten.

Idealerweise sollten wir uns jeden Tag etwas Zeit nehmen. Es müssen keine langen Perioden sein. Besser ist es, sich für den Anfang erreichbare Ziele zu setzen: etwa zehn bis zwanzig Minuten pro Tag. Das reicht aus, um sofort einige Vorteile zu erzielen und dann die Zeit schrittweise verlängern zu können. Es ist besser, unsere Praxis organisch wachsen zu lassen, als zu versuchen, uns anfangs zu sehr zu zwingen. Sie können versuchen, mit einem einmonatigen Versprechen zu beginnen: einen Monat lang jeden Tag zu meditieren. Das hilft Ihnen, den Anfang zu machen und die entsprechende Gewohnheit zu entwickeln.

Denken Sie daran, dass die Meditationserfahrungen ständig rauf und runter gehen, wie unsere Stimmungen oder der Aktienmarkt. Manchmal fühlen wir uns klar, leicht und beschwingt; es kommt uns so vor, als würden wir schnelle Fortschritte machen. Ein anderes Mal fühlen wir uns träge oder unruhig, so als kämen wir nicht weiter, als wäre *alles andere* besser als Meditation. Machen Sie einfach nur weiter, ohne sich zu sehr in Ihre wechselnden Erfahrungen zu verfangen. Es spielt nicht wirklich eine Rolle, wie diese Erfahrungen aussehen, solange wir weiterüben und diese Gewohnheiten entwickeln. Letztendlich sind auch die Erfahrungen wie Wellen im Ozean; aber was trotz der Höhen und Tiefen zählt, ist, dass wir immer noch Wasser sind. Wellenkämme und Wellentäler sind beide nur das Wasser im Ozean; und die Höhen und Tiefen in unserer sich ständig verändernden Erfahrung sind nur der Fluss des Bewusstseins. Beurteilen Sie sie nicht. Urteile zu fällen kann am Ende unser Ego aufblähen oder uns schrumpfen lassen. Wenn wir einen hohen Berggipfel erreichen wollen, müssen wir einfach nur stetig weiterklettern – unsere Stimmung in einem bestimmten Moment ist nicht so wichtig.

Es gibt viele Wege, anderen zu helfen, aber dieser Pfad der Meditation, dem zu folgen wir Sie ermutigen wollen, betont, dass wir mit unserem eigenen Sein anfangen sollten. Indem Sie sich selbst helfen, helfen Sie auch anderen. Kommen Sie zuerst nach Hause und entwickeln Sie innere Stärke; Ihr Meditationsweg führt Sie zur essenziellen Liebe, und wenn Sie Klarheit und inneren Reichtum kultivieren, dann wird die bekundete Liebe als Mitgefühl auftauchen. Anderen zu helfen macht einen großen Unterschied in unserer Welt. Diese Praktiken können uns helfen, uns selbst zu helfen, um auch wirklich besser in der Lage zu sein, anderen zu helfen.

Natürlich kann die Hilfe für andere – und das Leben im Allgemeinen – anstrengend sein. Stress ist in der modernen Welt allgegenwärtig und fordert seinen Tribut. Das Tempo des Lebens kann uns »schnell« machen, und die komplexen Anforderungen, mit denen wir zu Hause jonglieren müssen, belasten uns zusätzlich. Der mentale, körperliche und emotionale Preis kann hoch sein. Mit diesen Praktiken können wir jedoch neue Energie tanken, anstatt uns müde, ausgetrocknet und erschöpft zu fühlen. Wir können dem Gefühl niedriger Energie entgegenwirken und Burn-out und Mitgefühlsmüdigkeit vermeiden. Wir können lernen, uns selbst wieder mit Energie zu versorgen. Je mehr Energie wir aus unserer Praxis schöpfen, desto mehr können wir anderen helfen. Wenn sich diese positive Rückkopplungsschleife etabliert, werden wir in der Lage sein, in unser natürliches Zuhause zurückzukehren, neue Energie zu tanken und immer wieder zu helfen.

Bei denjenigen, die anderen helfen, kann ein Mangel an Selbstfürsorge ihre altruistische Arbeit einschränken, ganz zu schweigen von der Freude und dem Wohlbefinden, die aus dem Helfen entstehen können. Wenn wir keine Verbindung zu unserem Herzen haben, keine Meditation, kein Zuhause in der Gefühlswelt und keine Klarheit, dann ist eine emotionale Erschöpfung wahrscheinlicher. Aber sobald wohlwollende Arbeit, innere Transformation und Selbstfürsorge zusammenkommen, können sie sich gegenseitig stärken.

Wenn Sie diese Techniken praktizieren, werden Mitgefühl und Einsicht spontan auftauchen. Das ist es, was diese Methoden bewirken sollen. Eine Analogie dazu ist, dass man Wärme hat, wo es ein Feuer gibt. Wenn Sie sich mit diesen Praktiken vertraut machen, werden Sie allmählich zu einem gesünderen, aufrichtigeren Menschen werden, zu jemandem, der von Liebe, Mitgefühl und Weisheit durchdrungen ist. Es gibt viele Hindernisse im Leben; aber wir können lernen, mit ihnen umzugehen. Alles, ob positiv oder negativ, kann als eine Gelegenheit zum Wachstum gesehen werden; als ein Weg, unsere Praxis zu stärken. Daher kann alles auf den Pfad gebracht werden. Wenn wir wissen, wie wir mit unseren Problemen umgehen können, dann wissen wir auch, wie wir uns selbst wiederherstellen können; wie wir Energie tanken können, statt erschöpft und ausgebrannt zu sein. Dann werden wir so etwas wie eine Blume, die zu mitfühlender Weisheit erblüht.

Wir hoffen aufrichtig, dass dieses Buch und die darin enthaltenen Ideen und Praktiken vielen, vielen Menschen dabei helfen werden, ihr Geburtsrecht auf einen geerdeten Körper, ein offenes Herz und klaren Geist zu genießen.

DANK

Tsoknyi Rinpoche fühlt tiefe Dankbarkeit für seine Wurzellehrer, von denen er die Unterweisungen erhielt, aus denen sich dieses Buch entwickelte. Er dankt Adam Kane für seine großartigen Hilfestellungen beim Schreiben dieses Buches. Esteban und Tressa Hollander von der Pundarika Foundation gaben unschätzbar wertvolle Anregungen für die Fertigstellung des Projekts. Rinpoche fügt hinzu: »Ich danke meinen Schülern, von denen ich im Lauf der Jahre so viel gelernt habe, sowie meiner Familie für ihre liebevolle Unterstützung.«

Daniel Goleman dankt ebenfalls Adam Kane, der die Worte von Rinpoche so gekonnt zum Klingen gebracht hat. Stephanie Hitchcock, unsere Lektorin bei Simon & Schuster, gab bei jedem Schritt der Niederschrift ausgezeichnete Ratschläge. Und natürlich dankt Daniel seiner Frau Tara Bennett-Goleman für ihre Einsichten, Vorschläge und die herzliche Ermutigung zu diesem Projekt.

ANMERKUNGEN

1 Sonja Lyubomirsky et al., »Thinking about Rumination: The Scholarly Contributions and Intellectual Legacy of Susan Nolen-Hoeksema«, in *Annual Review of Clinical Psychology* 11, (März 2015): S. 1–22, online veröffentlicht am 2. Januar 2015, https://doi.org/10.1146/annurev-clinpsy-032814-112733

2 Joseph LeDoux, *Das Netz der Gefühle: Wie Emotionen entstehen*, München 2001

3 Bruce McEwen und John Wingfield, »The Concept of Allostasis in Biology and Biomedicine«, in *Hormones and Behavior* 43, Nr. 1 (Januar 2003): S. 2–15

4 Jahre später besprachen Richard Davidson und ich die fundiertesten Forschungsarbeiten zur Meditation in unserem Buch *Altered Traits: Science Reveals How Meditation Changes Your Brain, Mind, and Body*, New York 2017

5 Herbert Benson, *Gesund im Stress: Eine Anleitung zur Entspannungsreaktion*, Frankfurt am Main 1978

6 Tara Bennett-Goleman, *Emotionale Alchemie: Der Schlüssel zu Glück und innerem Frieden*, Frankfurt am Main 2004

7 Andrea Zaccaro et al., »How Breath-Control Can Change Your Life: A Systematic Review on Psycho-Physiological Correlates of Slow Breathing«, in *Frontiers in Human Neuroscience* 12 (2018) S. 353, https://www.ncbi.nlm.nih.gov/pmc/articles/PMC6137615/

8 Donald J. Noble und Shawn Hochman, »Hypothesis: Pulmonary Afferent Activity Patterns during Slow, Deep Breathing Contribute to the Neural Induction of Physiological Relaxation«, in *Frontiers in Physiology* 10 (13. September 2019): S. 1176

9 Philippe Goldin hat eine Reihe von Gehirnstudien mit Freiwilligen durchgeführt, die an einer sozialen Angststörung litten, viele davon

an der Stanford Universität, bevor er an die University of California in Davis ging. Siehe z. B. Philippe R. Goldin et al., »Neural Bases of Social Anxiety Disorder: Emotional Reactivity and Cognitive Regulation during Social and Physical Threat«, in *Archives of General Psychiatry* 66, Nr. 2 (Februar 2009): S. 170–80

10 Chris Gerner untersucht Akzeptanz in Übereinstimmung mit der Forschung von Kristin Neff von der University of Texas in Austin. Siehe z. B. Kristin Neff und Christopher Gerner, *Selbstmitgefühl: Das Übungsbuch*, Freiburg im Breisgau 2019

11 Hedy Kober et al., »Let It Be: Mindful Acceptance Down-Regulates Pain and Negative Emotion«, in *Social Cognitive and Affective Neuroscience* 14, Nr. 11 (1. November 2019): S. 1147–58

12 Philippe R. Goldin et al., »Evaluation of Cognitive Behavioral Therapy vs Mindfulness Meditation in Brain Changes during Reappraisal and Acceptance Among Patients with Social Anxiety Disorder: A Randomized Clinical Trial«, in *JAMA Psychiatry* 78, Nr.10 (1. Oktober 2021) S. 1134–42, https://doi.org/10.1001/jamapsychiatry.2021.1862

13 Siehe Cortland Dahl et al., »The Plasticity of Well Being: A Training-Based Framework for the Cultivation of Human Flourishing«, in *Proceedings of the National Academy of Sciences of the United States of America* 117, Nr. 51 (22. Dezember 2020)

14 Healthy Mins Innovations, https://hminnovations.org/

15 Matthew A. Killingsworth und Daniel T. Gilbert, »A Wandering Mind Is an Unhappy Mind«, in *Science* 330, Nr. 6006 (November 2010): S. 932

16 Dahl et al., »The Plasticity of Well-Being«

17 Richard J. Davidson & Sharon Begley, *Warum regst du dich so auf?: Wie die Gehirnstruktur unsere Emotionen bestimmt*, München 2016

18 Antoine Lutz et al., »Regulation of the Neural Circuitry of Emotion by Compassion Meditation: Effects of Meditative Expertise«, *PLOS One*, 26. März 2008

19 Dalai Lama, *Im Einklang mit der Welt: Der Friedens-Nobelpreisträger im Gespräch*, Bergisch-Gladbach 1993

20 Jean Decety, »The Neurodevelopment of Empathy«, in *Developmental Neuroscience* 32, Nr. 4 (Dezember 2010): S. 257–67

21 Olga Klimecki, »Differential Pattern of Functional Brain Plasticity after Compassion and Empathy Training«, in *Cerebral Cortex* 23, Nr. 7 (2013): S. 1552–61

22 Helen Y. Weng et al., »Compassion Training Alters Altruism and Neural Responses to Suffering«, in *Psychological Science* 24, Nr. 7 (Mai 2013), online 21. Mai 2013, https://journals.sagepub.com/doi/full/10.1177/0956797612469537

23 Julieta Galante et al., »Loving-Kindness Meditation Effects on Well-Being and Altruism: A Mixed-Methods Online RCT«, in *Applied Psychology: Health and Well-Being* 8, Nr. 3 (November 2016): S. 322–50

24 siehe Kapitel 6 in Daniel Goleman und Richard Davidson, *Altered Traits*, New York 2017

25 Daniel Goleman und Richard Davidson, *Altered Traits*, New York 2017

26 Clifford Saron, Vortrag auf der Second International Conference on Contemplative Science, San Diego, November 2016

27 Melissa A. Rosenkrantz et al., »Reduced Stress and Inflammatory Responsiveness in Experienced Meditators Compared to a Matched Healthy Control Group«, in *Psychoneuroimmunology* 68 (2016): S. 299–312

28 J. D. Creswell et al., »Mindfulness-Based Stress Reduction Training Reduces Loneliness and Pro-Inflammatory Gene Expression in Older Adults: A Small Randomized Controlled Trial«, in *Brain, Behavior, and Immunity* 26, Nr. 7 (Oktober 2012): S. 1095–101

29 Unsere Zusammenfassung der wissenschaftlichen Forschungsergebnisse zur Meditation findet sich in Daniel Goleman und Richard Davidson, *Altered Traits*, New York 2017, Kapitel 8

30 Zu weitergehenden Ausführungen zum Thema Achtsamkeit und Kognitive Therapie siehe Tara Bennett-Goleman, *Emotionale Alchemie*, Frankfurt am Main 2004. Siehe auch A. B. Nejad et al. »Self-Referential Processing, Rumination, and Cortical Midline Structures in Major Depression«, in *Frontiers in Human Neuroscience* 7, Nr. 666 (10. Oktober 2013), https://doi.org/10.3389/fnhum.2013.00666

31 Siehe z. B. Jude Cassiday und Phillip Shaver, Hrsg., *Handbook of Attachment Theory: Research and Clinical Applications*, New York (Guilford) 1999

32 James T. Tedeschi, *Impression Management Theory in Social Psychological Research*, New York 2013

33 Judson Brewer et al., »Meditation Experience Is Associated with Differences in Default Mode Network Activity and Connectivity«, in *Proceedings of the National Academy of Sciences* 108, Nr. 50 (2011): S. 1–6, https://doi.org/10.1073/pnas.1112029108

34 Cortland J. Dahl, Antoine Lutz und Richard J. Davidson, »Reconstructing and Deconstructing the Self: Cognitive Mechanisms in Meditation Practice«, in *Trends in Cognitive Sciences* 19, Nr. 9 (September 2015): S. 515–23

35 Chloe C. Banker und Mark R. Leary, »Hypo-Egoic Nonentitlement as a Feature of Humility«, in *Personality and Social Psychology Bulletin* 46, Nr. 5 (Mai 2020): S. 738–53

36 Ruben E. Laukkonen und Heleen A. Slagter, »From Many to (N)one: Meditation and the Plasticity of the Predictive Mind«, in *Neuroscience & Biobehavioral Reviews* 128 (September 2021): S. 199–217, https://doi.org/10.1016/j.neubiorev.2021.06.021

REGISTER

A

Abhängigkeit, wechselseitige 213
- gutes Verständnis für 151

Ablenkbarkeit und negative Stimmungen 133

Achtsamkeit
- alltägliche 174
- auf den Geist 178
- auf den Körper 178
- auf die Geistesobjekte 178
- auf Gefühle/Empfindungen 178
- gegenüber Gedanken 70
- gegenüber Gefühlen 70
- konzentrierte 174
- Üben von 19
- und Abwandern des Geistes 193
- und auf der Hut sein 192
- und buddhistische Welt 178
- und ein Objekt 179
- und Gedanken 179
- und Gefühle 179
- und Gewahrsein 176, 178
- vier Grundlagen der 178

Achtsamkeitsmeditation und Entzündungsgene 198

Akzeptanz, innere Haltung der 102
- und unruhige emotionale Gewohnheiten 102

Alarmschaltkreis
- neuronaler 102
- umfangreicher 103

Alphawellen, synchronisierte 65

Altruismus 168

Amygdala 33, 103, 166, 168, 194, 196f.
- Reaktivität der 103
- und Radar des Gehirns für Bedrohungen 33

Armut als Herausforderung 23
Atem und Prana 42
Atembewusstseins-Techniken 46
Atemkontrolle
- alte Methoden der 63
- Pranayama 63
Atemtechniken
- Body-Scan 50, 54
- Extrasanfte Herangehensweise 54
- Kumbhaka 50
- Sanfte Vasenatmung mit Anhalten 51f.
- Tiefe Bauchatmung (Baby-Atmung) 47
- vier sanfte 47
Atmen, langsames
- und Entspannungsreaktion 65
Austausch von Ich und anderen 155
- Kehrseite des 156

B

Barua-Kaste 163
Bauchatmung 230
Beck, Aaron 96
Bekundung von Liebe
- Ebenen der 143
- Fürsorge 143
- und Metta (Sanskrit Maitri) 143
- Zuneigung 143
Bennett-Goleman, Tara 13, 71
Benson, Herbert 61f.
Berufe, helfende
- und Burn-out 150
Beruhigung und Konzentration 180
- Haupthindernisse für 183
Bindu (Energiesamen) 109, 114
Bindungstheorie und Entwicklung von Kindern 163
Bodhicitta 138, 144
Bowlby, John 221
Buddhismus
- und nahe und ferne Feinde 85
- und Streben nach Glück 142
- und Wohlbefinden 142

C

Chancenlosigkeit als Herausforderung 23
Cortisol 196

D

Dalai Lama 12, 56, 142, 164, 169, 210, 222

Davidson, Richard 17, 164, 128f., 194, 218, 223, 225
Default Mode Network (Ruhezustandsnetzwerk) 132, 222
Denken, schnelles 41
Deprivation, emotionale 13, 96
DNA, Einfluss von Meditation auf 198

E

Ego und Selbstbezogenheit 154
Einsicht 131
Einsichtsmeditation 231
Einsichtsmeditierende 196
Ekman, Paul 222
Elektroenzephalografie (EEG) 65
Emotionen
- destruktive 56
- intensive 33
- negative 33
- plötzliche 33
- schmerzliche 148
- überwältigt sein von 148
Empathie
- emotionale 164, 167
- -Erschöpfung 165
- kognitive 164
- und Meditation 166
Energie
- Geschwindigkeit der 57
- gesunde 46
- ruhige, intelligente 46
- schnelle 45
- und der feinstoffliche Körper 42
- und rastlose Gedanken 43
- ungesunde 46
- zu schnelle 46
Entspannen und Dumpfheit 28, 185
Entspannungsmodus 63
Entwicklungsaufgaben, unvollendete 175
Entzündungen, chronische 198
Entzündungsgene, Ausschalten der 198
Erfahrung
- authentische 75
- Fluss der 29
- verzerrte relative 75

F

Fallenlassen 18
- Gehirnstudien über das 34
- Praxis des 229
- Technik des 26

– und Spannung erzeugender Strom 28
– und Unterbrechen von Gedanken 27
Fluss 213
Freiheit, emotionale 101
Frieden, innerer
– und Aggression 16
– und Angst 16
– und Eifersucht 16
– und ungezügeltes Verlangen 16

G

Gedanken
– beunruhigende 28
– destruktive 18
– negative 73
Gedankenfluss, Intensität des 184
Gefühle und Vertrauen 86
Gefühlskörper 38
Gefühlswelt 57
– aus dem Gleichgewicht geratene 39
– und feinstofflicher Körper 42
– und Gewahrsein 90
– und Lung 42
– und subtiler Körper 42
– Verständnis von der 73
Gehirnaktivität 132
Gehirnscan 102
Gehirnschaltkreise 128
Geist
– Ausdrucksformen des 175f.
  – Denken 176
  – Gewahrsein 176
  – Klarheit 176f.
  – Wissen 176
– klarer 229
– und Gefühlswelt
  – Heilung des Kanals zwischen 15
  – Öffnung des Kanals zwischen 15
– und Geschmeidigkeit 183
Geister, hungrige 119
Geistesschulung 154
– Arten der 154
– asiatische Methoden der 60
– Methoden in östlichen Traditionen 62
– Stufen der 11
Gerner, Chris 102
Geschmeidigkeit und Geist 183
Gestalttherapie 97
Gewahrsein
– achtsames 180, 186, 189
– panoramisches 174, 176

- und Gefühlswelt 90
- und Hirte 180
- und physischer Körper 89
- und sehr genauer Fokus 176

Gewohnheitsmuster 45
- emotionale 14
- energetische 14
- erlernte 76f.
- karmische 76

Gleichgewicht
- energetisches 45
- und Tempo unseres Privat- und Arbeitslebens 37

Gleichsetzung von Ich und anderen 155
Glück und Wohlergehen anderer 209
Glücklichsein, intrinsisches 128
Goldin, Philippe 101ff.
Goleman, Daniel 13
Gom 232
Großzügigkeit als edle Charaktereigenschaft 163
Grübeln, ständiges und Depression 220
Grübelzwang 32
Guanyin 162, 169

H

Händeschütteln 18
- als Werkzeug zur Heilung 230
- als Werkzeug zur Öffnung 230
- Hindernisse für das 83
- Praxis des 80f., 88, 97, 109f.
- Rinpoches Methode des 101
- und Antidotieren 83, 85f.
- und Begegnung 82
- und Bekundung von Liebe 158
- und Gefühl 82
- und Gefühlswelt 87
- und Heilen der Verbindung zwischen Geist und Gefühlswelt 153
- und Heilung 80f.
- und Ignorieren 83f.
- und Nachgeben 83f.
- und offene Liebe 86
- und Sein 82
- und Selbstzweifel 95
- und Theorie dahinter 81
- und Unterdrücken 83f.
- Verfeinern des 93
- vier Schritte des 87

Heilungsmöglichkeiten, psychologische 80

Herz, offenes 229
Herzschlag, Verlangsamen des
- und Leichtigkeit 64
- und Wohlbefinden 64
Hungriger-Geist-Mentalität 119

I

Ich
- bedürftiges 209
- bloßes 206, 216f.
- soziales 210
- und Bewusstsein 205
- und Empfindungen 205
- und Geistesobjekte 205
- und Körper 205
- und Wahrnehmungen 205
- verdinglichtes 207, 216
- zurückkommen zum bloßen 215
Ichbezogenheit 208
Ichempfindung 205f., 211ff.
Ichlosigkeit
- und Ichgefühl 204
Ichsystem 223
Ignorieren als Bewältigungsstrategie 74
Impression Management (Erzielen eines guten Eindrucks) 221

J

Jetztheit 181

K

Kampf-oder-Flucht-Reaktion 59, 61, 63, 194
Kampf-oder-Flucht-Reflex 32
Kangra-Tal 12
Karma, negatives 70
Kindheit, emotionale Entwicklung ab der 72
Kober, Hedy 103
Kognitive Therapie 99
- und anpassungsfähigere Muster 99
- und verzerrte emotionale Muster 99
Kommunikationskanäle
- blockierte 14
- überlastete 14
Konzentration
- entspannte 181
- und Gelassenheit 183
Konzentrationsfähigkeit 133
Körper
- Erfahrung des in der Gegenwart 89
- geerdeter 229
- Geschwindigkeit des 24
- subtiler
  - Bestandteile des 42

- und Bindu (Essenzen) 42
- und Nadi (Kanäle) 42
- und Prana (Energien) 42
- Tempolimit des 24
- und Gewahrsein 89

Kortex, präfrontaler 33, 129, 132, 197

L

Lamas, tibetisch-buddhistische 69

Langzeitmeditierende 197
- Studien mit 166

Lebewesen, Gleichheit aller 155

Lee, Bruce 46

Leere, innere 111

Liebe
- angeborene 139
- Bedingungen, günstige für 113
- Bedingungen, ungünstige 113f.
- bedingungslose 113
- bekundete 110, 112
- elterliche 110
- engere, konzentrierte 138
- essenzielle 109f., 112f., 116, 118, 201, 217, 230
- essenzielle und gesunde 141
- Freundschafts- 110
- hingebungsvolle 110
- liebende 110
- Praxis der 118
- romantische 110
- und angeborenes Wohlbefinden 124
- und Anhaftung 145
- und co-abhängige Beziehungen 140
- und In-Ordnung-Sein 124, 126f., 132
- und Mitgefühl 138f., 230
- und Musik 120f.
- und sanfte Bewegung 122f.
- und selbstverurteilende Gedanken 133
- und Trigger-Methode 120
- verletzte 73

Liebe und Mitgefühl
- Hindernisse für die Erfahrung von 145
- und Gleichgültigkeit 146
- und Voreingenommenheit 146
- und Vorliebe 146

– und Vorurteil 146
– Unterscheidung zwischen 149f.
Lojong 142, 154
Luminosität 177
Lung 42
– aufsteigender 43

M

Manaslu 11
McClelland, David 61
Meditation
– als Stressreduktion 60
– als Stressunterbrechung 17
– Studium der 17
– und Achtsamkeit 18
– und Anspannung 214
– und Fixierung 214
– und gesundes, solides Fundament für 25
– und nomadische Verhältnisse 180
– und Senken des Blutdrucks 61
– und Verdinglichung 214
Meditationsanfänger und beunruhigende Gedanken 28
Meditationstechniken, traditionelle 72, 80
Menschen, gesunde
– und Emotionen 79
Meridiane 42
Meta-Bewusstheit
– für Gedanken 168
– für Gefühle 168
Metta 143
Mind and Life Summer Research Institute 12
Mitgefühl, kalifornisches 151
– und Bereitschaft, zu leiden 151, 153
– und persönliches Wohlbefinden 152
– und das Setzen von Grenzen 152
Mittelschicht, Leben der 23
Modus, parasympathischer
– Verschiebung des 62
Monster, schöne 77f.
– in Ordnung bringen der 95
– Rinpoches Konzept der 97
– sprechen mit 94
– und deren Entstehen 78
– und emotionales Zentrum 87
– und Energie 78
– und Freundschaft 83
– und Gefühle 86
– und Händeschütteln 80
– und Hand reichen 93
– und Klarheit 78

– und Muster der Reaktion 79
– und Muster des Widerstands 79
– und Offenheit 78
– und Reaktionsmuster 77
– und Überreaktion 78
– und Vertrauen 86
– und Wunsch, es zu verändern 87
Munindra, Anagarika 163
Muster
– emotionale 71
– psychologische 71

N
Neff, Kristin 164
Neid, durchbrechen von 156
Nervensystem
– parasympathisches 64
– sympathisches 58, 64
Neuroplastizität 128
Neurowissenschaft, affektive 164

P
Pali 164
Permanenz 211
Physiologie, traditionelle yogische 42
Positive Psychologie 127, 129, 164
Prana 42
Proflexion 224
Psychotherapie, moderne
– und traditionelles buddhistisches Verständnis von emotionalen Mustern 72
Putuo Shan 162

Q
Qi 42

R
Resilienz 130
Ricard, Matthieu 166
Rockwell, Norman 16
Rückkopplungsschleife, negative 70
Ruhezustandsnetzwerk (Default Mode Network) 132

S
Salzberg, Sharon 142
Samen, karmische
– und physische, verbale und mentale Handlungen 72
Sanskrit 164
Schaltkreise zur Wahrnehmung von Bedrohungen 32
Schematherapie 96

Sein
- und Emotionen 91
- und Gedanken 91
- und Händeschütteln 91
Selbstfürsorge 152
Selbstmitgefühl 164
Selbstverherrlichung und Selbstabwertung 154
Selbstwertschätzung, verbale 133
Shamata 181
Singularität 211
Situation anderer und Mitgefühl 156
Sorgen
- angemessene 32
- Arten von 31
- produktive 32
- und Probleme 101
Spiritual Bypassing 13
Stanford-Universität 101
Stolz, durchbrechen von 156
Stress
- Arbeit mit 41
- körperliche Signale für 43
- Symptome von chronischem 43
- und energetische Welt 37
- und Energie ausgleichen 37
- und Gefühlswelt 39
- und kognitiver Verstand 37
- und physischer Körper 37
- Verständnis von 41
Suzuki, Shunryu 104

T

Tempo
- Arten von 39
- energetisches 39
- gefühlsmäßiges 39
- körperliches 39
- kognitives 39
Tempolimit
- Arten von 40
- des Körpers 40
- energetisches 40
- gefühlsmäßiges 40
- körperliches 40
- und der Gefühlswelt 40
- verstandesmäßiges 40
Therapie, kognitive 103
Theravada-Stil, Einsichtsmeditation im 193
Tibetischer Buddhismus 58
Traditionelle Chinesische Medizin 42
Transformation, tatsächliche 81
- und Gefühlsebene 81

Trigger, emotionale
- und Verstimmungen, daraus resultierende 131
Trigger-Methode 120

U
Übungen
- Achtsamkeit auf den Körper 187
- Achtsamkeit auf Empfindungen und Gefühle 187
- Achtsamkeit auf Gedanken und Emotionen 188f.
- Bemerken 118
- Beruhigung und Konzentration 189f.
- Beruhigung ohne Stütze 190f.
- Body-Scan 50f.
- Dankbarkeit 158
- Das Ich und andere austauschen 156f.
- Der Ballon 53
- Die French Press 52f.
- Dienst an allen Lebewesen 157
- Erdungsübung 25
- Essenzielle Liebe mit langem, sanftem Atem triggern 121f.
- Essenzielle Liebe mit Musik triggern 120f.
- Essenzielle Liebe mit sanfter Bewegung triggern 122ff.
- Fallenlassen 88f.
  - Schritt 1: Treffen 90
  - Schritt 2: Sein 91
  - Schritt 3: Warten 93
  - Schritt 4: Kommunizieren 94
- Gewahrsein in den Körper fallen lassen 39
- Gewahrsein in den Körper fallen lassen und Empfinden von Gefühlen 41
- Gewahrsein in den Körper fallen lassen und Fühlen von Energien 44
- Grundlegendes Wohlbefinden der essenziellen Liebe 153
- Hungrige Geister 119
- Lass-Alles-Fallen-Mantras 29f.
- Loslassen in das bloße Ich 216
- Mit der essenziellen Liebe verbinden 159
- Niederlassen in kontemplativem innerem Raum 82

- Reflexion über neutrale Wesen 160
- Reflexion über schwierige Wesen 161
- Reflexion über Wesen, die Ihnen am Herzen liegen 159f.
- Technik des Fallenlassens 26
- Tiefe Bauchatmung 48ff.
- Tiefe Liebe zu einem Kind 83
- Vasenatmung 55
- Zurückkommen zum bloßen Ich 215f.

Umgehung, spirituelle 175
Unabhängigkeit 211ff.
Ungeheuer, schöne 79
- und Selbstbefreiung 87

Unterdrücken als Bewältigungsstrategie 74

V

Vasenatmung
- klassische 51
- Methode der sanften 57

Verdinglichung
- Gewohnheit der 202, 211
- und bloßes Ich 214
- Verstehen der 202

Vergänglichkeit, tiefes Verständnis für 150
- und Mitgefühl 150

Verhaltenstherapie, kognitive 96
Verklumpung 212
Verlangen
- reflektieren über 119
- unersättliche 119

Verlassenwerden, Angst vor dem 96
Verletzlichkeitsmuster 100
Verletzungen, psychische 80
Vermeidung, spirituelle 175
Vernetztheit 213
Vielfalt 213
Vipassana 201
Vipassanameditierende 196

W

Wahrheit
- funktionale, authentische 76
- relative 76
- verzerrte, trügerische 76

Wasserfall-Erfahrung 184
Weisheit und Mitgefühl 12
Welwood, John 13, 175

Widerstands- und Reaktionsmuster 74
Widerstandslosigkeit, radikale 80
Wohlbefinden
- grundlegendes 133
- natürliches, wiederherstellen des 133

Y

Yoga, sanfter 114
Young, Jeffrey 96, 100

Z

Zauberer von Oz 98
Zorn, gesunder 79